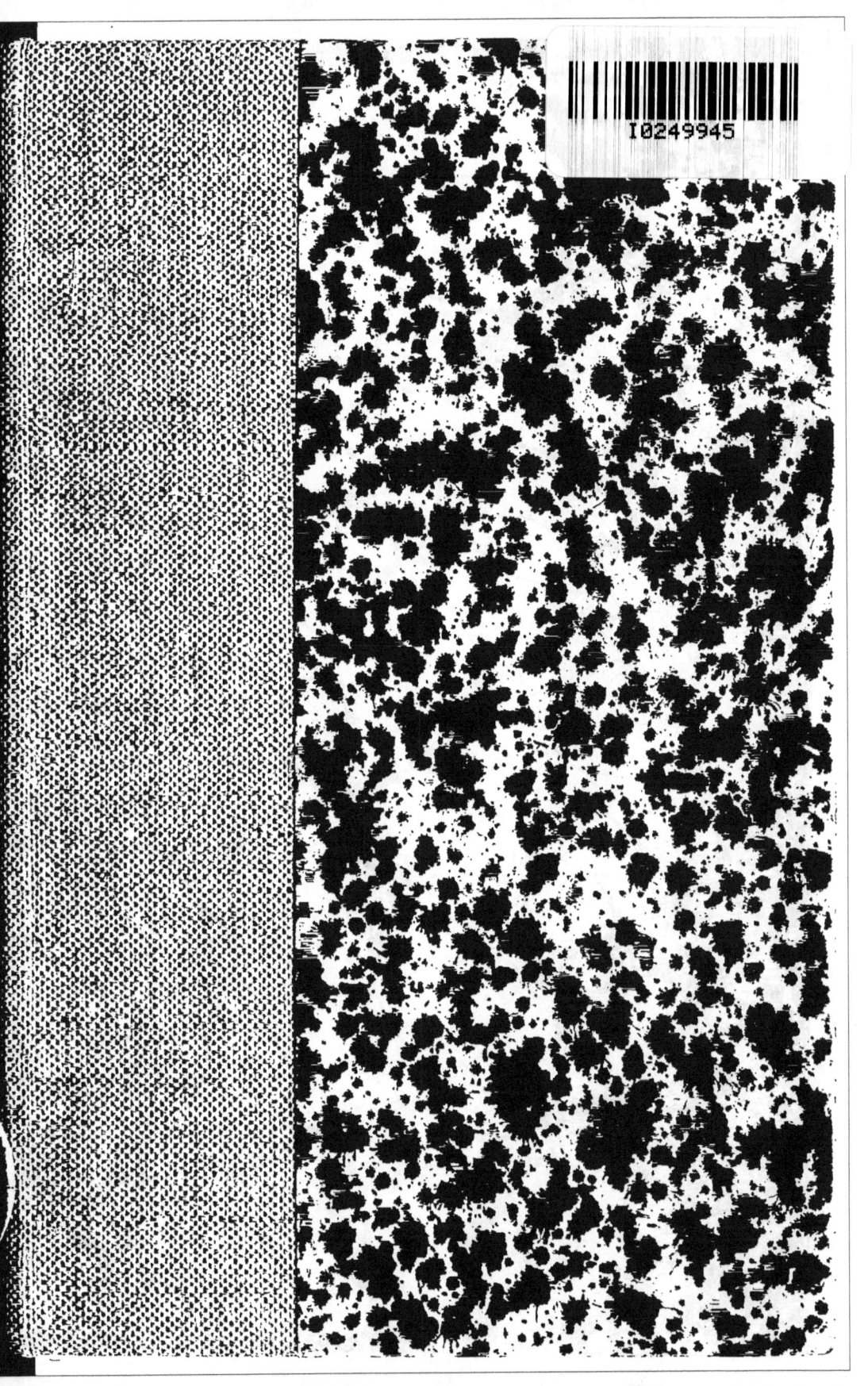

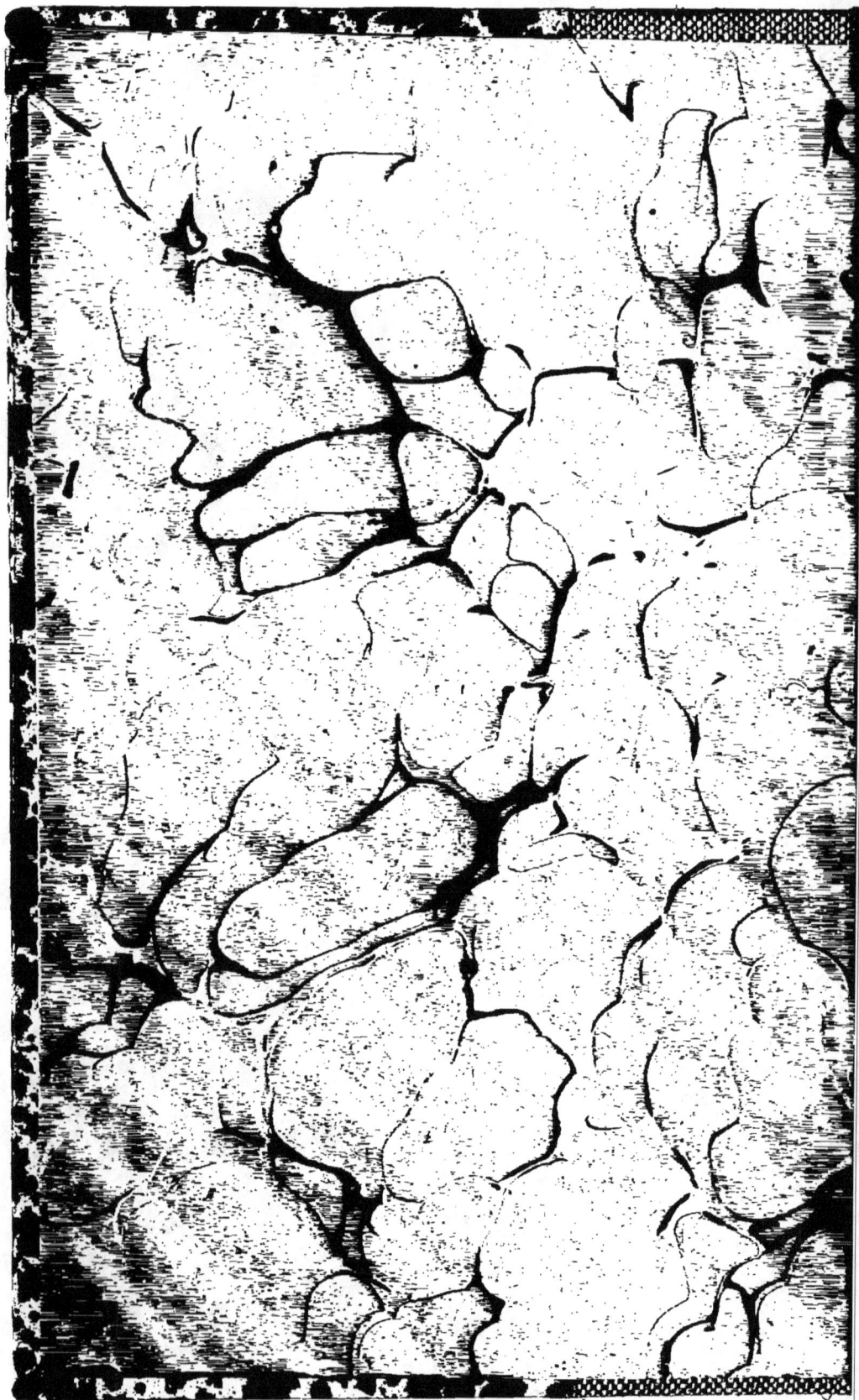

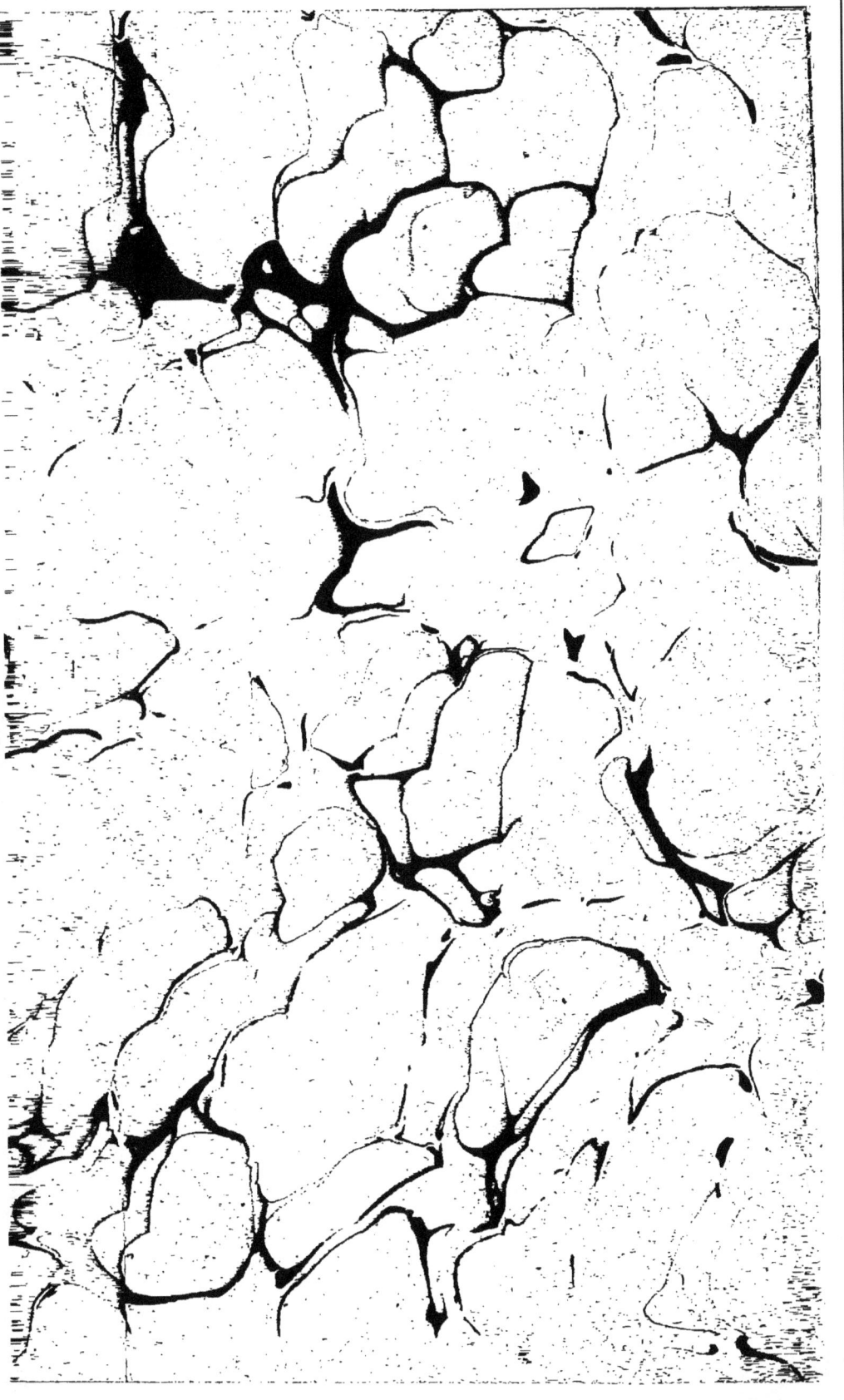

ABBÉ RANDANNE

Chanoine honoraire
Supérieur
des Missionnaires diocésains de Clermont-Ferrand

Mes Souvenirs
d'Ambulance

PARIS

P. LETHIELLEUX, LIBRAIRE-ÉDITEUR

10, RUE CASSETTE, 10

SOUVENIRS

D'AMBULANCE

OUVRAGES DE M. L'ABBÉ RANDANNE

Supérieur des Missionnaires diocésains de Clermont

Histoire de la Mission diocésaine de Clermont.
In-8° (Bellet, Clermont). 8.00

Histoire de S. Avit, évêque de Clermont.
In-8° (Bellet, Clermont). 1.00

Manuel d'instruction religieuse. In-12,
(Delhomme et Briguet, Paris et Lyon). 3.00

L'éditeur et les ayants-droit réservent tous droits de reproduction et de traduction.

Cet ouvrage a été déposé, conformément aux lois, en décembre 1898.

ABBÉ RANDANNE
Chanoine honoraire
Supérieur
des Missionnaires diocésains de Clermont-Ferrand.

Mes Souvenirs d'Ambulance

PARIS

P. LETHIELLEUX, LIBRAIRE-ÉDITEUR

10, RUE CASSETTE, 10

LETTRE

DE MONSEIGNEUR L'ÉVÊQUE DE CLERMONT
A M. L'ABBÉ PLANEIX,
SUPÉRIEUR DES MISSIONNAIRES DIOCÉSAINS.

ÉVÊCHÉ
DE
CLERMONT

Clermont-Ferrand, le 6 octobre 1898.

Cher monsieur le Supérieur,

Je vous remercie de la bonne pensée que vous avez eue de recueillir et de publier ce journal d'une partie si touchante de la vie de notre regretté M. Randanne. Le souvenir de son exquise bonté, dont il donna alors tant de preuves, la gravité terrible des événements auxquels il fut mêlé, ainsi que ses confrères de notre chère Mission, donnent à la lecture de ces pages un poignant intérêt, et leur assurent une place honorable dans les annales du diocèse.

Recevez donc, cher monsieur le Supérieur, mes bien sincères félicitations,

† PIERRE-MARIE,
Évêque de Clermont.

AVANT-PROPOS

Pendant la guerre de 1870, les missionnaires diocésains de Clermont-Ferrand demandèrent et obtinrent de prendre leur part des douleurs communes et de mettre leur dévouement au service du pays.

Ils furent incorporés dans l'ambulance du Puy-de-Dôme, organisée par les soins de M. Aubergier, doyen de la Faculté des sciences de Clermont, et de quelques autres hommes de cœur.

M. l'abbé Chardon, supérieur, eut le titre et remplit les fonctions d'aumônier; ses confrères, avec autant d'humilité que d'abnégation, s'enrôlèrent en qualité d'infirmiers volontaires.

Partie de Clermont le 3 novembre 1870, l'ambulance rejoignit l'armée de la Loire en formation à Blois et soigna les blessés de la bataille de Coulmiers au château de Meung-sur-Loire transformé en hôpital.

Le 29 novembre, poussée par la nécessité d'aller au secours de détresses plus grandes encore, elle s'achemina vers Orléans, et s'y installa, rue Bannier, dans un local où elle recueillit les blessés des 2, 3 et 4 décembre, à Arthenay, à Chevilly et à Cercottes.

A la suite de ces combats, la ville fut reprise par l'armée du prince Frédéric-Charles ; mais les membres de l'ambulance, soutenus par les patriotiques encouragements de Mgr Dupanloup, n'en continuèrent pas moins, sous le bénéfice de la convention de Genève, à prodiguer leurs soins aux blessés jusqu'à la fin du mois de décembre.

A cette date, la plupart des malades étaient convalescents ; beaucoup furent évacués ; on confia les autres à la charité de familles orléanaises, et les prêtres infirmiers s'échappèrent à travers les lignes prussiennes, sans autre sauf-conduit que celui de la Providence, afin de venir se ravitailler à Clermont et de voir ensuite sur quel point ils devaient aller reprendre leur mission.

Ils repartirent le 23 janvier pour l'armée de l'Est. Poursuivie et cernée par le corps du général Manteuffel, cette armée fut rejetée sur la Suisse avant que l'ambulance eût pu la rejoindre. Celle-ci se porta alors à sa rencontre par le territoire de la Confédération helvétique, et elle arriva à la frontière, aux Verrières-Suisses, sur la route de Pontarlier à Neufchâtel, dans la nuit du 1er au 2 février. Les missionnaires se mirent aussitôt au service des malades et des blessés; ils les accompagnèrent jusqu'à Neufchatel et ils se dévouèrent à eux dans les hôpitaux et dans les ambulances de cette ville pendant plus d'un mois.

Au cours de ces deux pénibles campagnes, un de ces infirmiers volontaires, M. l'abbé Randanne (1), plus tard supérieur des missionnaires diocésains de Clermont, maintenant retourné à Dieu, recueillit au jour le jour ses souvenirs et ses impressions.

Nous publions aujourd'hui ces notes intimes. Ce sont des pages honorables pour sa mémoire, qui n'a pas cessé de nous être chère, et pour la Mission diocésaine, dont elles racontent la belle histoire durant cette douloureuse période.

On y verra d'édifiantes manifestations de cette charité supérieure, dont la philanthropie ne donna jamais d'exemple ni même de contrefaçon, et qui

(1) M. Jules Randanne, né en 1838, missionnaire de 1862 à 1880, supérieur de la Mission diocésaine en 1880, mort dans l'exercice de ces fonctions le 17 mars 1894.

est un des fruits les plus purs de la religion, comme une de ses meilleures gloires devant les hommes et devant Dieu. On y reconnaîtra aussi, à l'encontre de tant d'accusations accumulées par l'injustice ou par l'ignorance contre le clergé catholique, ce qu'est le prêtre, ce qu'il veut, où vont ses désirs, ses ambitions, sa vie, de quel profond amour il est tourmenté pour ses frères et pour son pays.

Quant à ceux qui ont connu l'abbé Randanne, pourront-ils ne pas être heureux de le retrouver dans ces pages où il se montre si bien tel qu'il fut, avec son aimable simplicité, son esprit accessible à toutes les pensées nobles et élevées, son âme bonne, prompte à la compassion pour toute misère, toujours ouverte à l'indulgence et à la pitié, son cœur généreux, facilement reconnaissant des moindres bienfaits, courageux et tenace dans le dévouement, sensible à l'amitié ?

Abbé R. PLANEIX,
Supérieur des Missionnaires diocésains
de Clermont.

Clermont-Ferrand, 2 Octobre 1898.

CHAPITRE PREMIER

LES PRÉPARATIFS DU DÉPART

25 *juillet* (1) 1870. — J'attendais l'arrivée de M. le Supérieur (2), qui se trouvait dans sa famille, pour lui exprimer sans retard mon désir d'être aumônier de l'armée.

Immédiatement après son retour et avant qu'il se rende au Conseil épiscopal, nous lui adressons, un de mes confrères et moi, la demande de partir pour la campagne de Prusse,

---

(1) La guerre fut déclarée le 19 juillet. C'est cinq jours plus tard, par conséquent tout au début de la campagne, que M. Randanne réclame l'honneur d'être aumônier de l'armée.

(2) M. l'abbé Chardon, supérieur de la Mission diocésaine de 1862 à 1871, supérieur et vicaire général de 1871 à 1880, et remplacé en 1880 dans les fonctions de supérieur par M. Randanne.

en le priant de soumettre cette demande à Monseigneur l'Évêque (1).

Monseigneur et lui accèdent à notre désir et nous rendent libres jusqu'au carême.

27 *juillet*. — M. le Supérieur, après avoir réfléchi plus mûrement à la question de notre départ, refuse d'écrire, au nom de Monseigneur et au nôtre, pour offrir nos services au gouvernement. Monseigneur approuve cette nouvelle décision.

Nous devons donc nous résigner à ne point partir, puisqu'on le veut ainsi. Nous avons fait tout ce que l'obéissance ecclésiastique nous permettait de faire : Dieu sans doute nous saura gré de notre bonne volonté.

11 *Août*. — Les dépêches du matin annoncent la formation du nouveau cabinet. Sauvera-t-il la France ?... Dieu seul la sauvera.

Une grande victoire sous les murs de Metz pourrait encore rétablir notre fortune.

On annonce un engagement pour aujour-

---

(1) Mgr Louis-Charles Féron, évêque de Clermont.

d'hui. A-t-il eu lieu ? Encore un jour de mortelle angoisse et d'incertitude poignante !

Le ciel est sombre et gris comme en novembre : à quoi faut-il s'attendre ? Les esprits les plus fermes sont consternés et abattus.

Jusqu'ici je n'avais jamais assez éprouvé tout ce qu'a de vif et de profond l'amour de la patrie. Je n'avais vu la France que prospère et victorieuse. Il faut la voir malheureuse et vaincue pour mesurer l'étendue du dévouement et de l'amour qu'on a pour elle.

22 *Août*. — Je viens d'apprendre l'offre qui a été faite de nous au ministre de la guerre.

Je me réjouis de cette nouvelle. Je n'ai qu'un désir, celui que nous soyons acceptés, qu'une crainte, celle que nous ne le soyons pas. Enfin, à la grâce de Dieu ! Je crois pouvoir dire : « Je suis prêt », plus justement que l'ancien maréchal ministre, et je partirai avec la plus grande joie. Si une autorité sainte, que j'aime et que je vénère, ne le permet pas, je garderai courageusement l'inaction à laquelle je suis condamné ; mais qu'elle est pénible !

29 *Septembre, S. Michel*. — J'ai vu M. le Curé de la cathédrale (1), qui m'a fait les premières ouvertures au sujet de l'ambulance Auvergne-Bourbonnais.

J'en parle à notre Supérieur, puis de nouveau à M. Rigodon, enfin à M. Desjardin, Supérieur du grand séminaire ; je reviens de là moins satisfait.

Le soir même je rends compte à mes confrères de mes diverses démarches.

M. le Supérieur prend la chose en main. Il s'en occupera dès demain, non plus pour moi seul, mais pour nous tous.

Si S. Michel nous avait fourni là une belle occasion de servir Dieu et la France ! Nous l'espérons.

4 *Octobre*. — J'apprends qu'on fait des difficultés à Moulins pour admettre les prêtres en qualité d'infirmiers. M. le Supérieur s'adresse au Comité de Clermont, qui décide, contrairement au sentiment de celui de Moulins, que les prêtres seront acceptés.

---

(1) M. le chanoine Rigodon.

7 *Octobre*. — On se décide à organiser deux ambulances au lieu d'une. La nôtre portera le nom d'ambulance du Puy de Dôme : elle comptera vingt médecins ou aides-médecins et quinze infirmiers.

14 *Octobre*. — Fâcheuse séance du Comité de l'ambulance : notre départ paraît être indéfiniment ajourné.

15 *Octobre*. — Les nouvelles de la guerre sont de plus en plus douloureuses : des défaites ont été subies dans le voisinage d'Orléans et les Prussiens sont entrés dans la ville.

Les zouaves pontificaux se sont héroïquement conduits ; mais ils n'ont pu arrêter l'ennemi, et la ville de Jeanne d'Arc est souillée par la présence des odieux vainqueurs.

Pauvre Jeanne d'Arc ! Les obus et les boulets prussiens tombaient jusque sur cette place du Martroy où s'élève sa statue, et la libératrice de la France, que nos mobiles couronnaient naguère d'immortelles, a vu les hordes ennemies défiler à ses pieds. Il semble que, tout bronze qu'elle est, cette effigie de la vierge de

Vaucouleurs ait dû ressentir l'humiliation de la France.

Puisse-t-elle, au ciel, prendre en pitié notre malheur ! Puisse, de cette pitié, naître une autre libératrice !

23 *Octobre*. — M. le Supérieur et moi sommes allés chez M. Philippion savoir le résultat des dernières délibérations du Comité. Il était nuit close et le temps était affreux.

Tout est arrêté, et notre départ aura lieu définitivement jeudi prochain.

31 *Octobre*. — Je vais célébrer un triduum de messes à N. D. du Port. Ces prières seront agréables, j'ose l'espérer, à ma bonne Mère et attireront ses bénédictions sur son pauvre enfant.

CHAPITRE II

DE CLERMONT A BLOIS

Jeudi 3 novembre. — Notre départ, définitivement fixé au jeudi 3 novembre, a eu lieu, en effet, ce jour-là.

Dès 9 heures du matin, nous avions revêtu notre costume d'infirmiers pour nous rendre au siège du Comité et y passer une revue. Nous ne fûmes libres qu'à midi.

De midi à 3 heures, nous reçumes plusieurs visites, surtout d'ecclésiastiques. A 3 heures et demie, nous nous rendîmes de nouveau au siège du Comité pour le départ. A 4 heures, nous partions de la place de Jaude pour prendre M. le Préfet à son hôtel. Accompagnés par les autorités municipales et départementales et par un piquet de la garde nationale, nous nous dirigeâmes vers la gare. Sur tout le parcours une foule nombreuse nous regardait défiler et nous suivait. Il y avait dans toutes les âmes et on lisait sur toutes les physionomies une morne tristesse et une sincère sympathie. Cette sympathie, contenue par la tristesse et dominée par elle, n'éclatait que dans le silence ; mais on la sentait, et pour être moins bruyante, elle n'en paraissait que plus vive.

A la gare, nous reçûmes les adieux du Comité et ceux de nos amis et confrères, qui vinrent nous serrer la main. Ils nous félicitèrent de ne point avoir un air trop emprunté sous notre nouveau costume (1). Et cependant il avait été cause pour nous d'un gros ennui. Il ne pouvait que nous être pénible de nous dépouiller de ce vêtement d'honneur qu'on appelle la soutane du prêtre. Mais en sollicitant la

---

(1) Les prêtres qui firent partie de l'ambulance du Puy-de-Dôme à titre d'infirmiers ne furent pas autorisés à garder l'habit ecclésiastique. Ils revêtirent le costume des infirmiers, vêtement d'une étoffe assez grossière et d'une forme disgracieuse et bizarre.

position qui nous était faite, nous avions accepté d'avance tous les sacrifices et toutes les privations, heureux d'en offrir le plus possible sur l'autel du ciel comme sur celui de la patrie. Les peuples ne vivent et les individus ne se sauvent que par le sacrifice. « Il ne faut point faire son âme plus précieuse que soi-même », et certes, s'il est un temps où le sacrifice s'impose, c'est bien le temps où nous sommes. Le plus grand des sacrifices, à l'heure actuelle, me semblerait même celui de ne pouvoir en faire aucun pour le pays en danger. C'est cette impossibilité où nous avons été jusque-là de payer de notre personne qui nous a rendu la vie si pénible depuis trois mois que la guerre a commencé. Enfin le moment est venu où nous pouvons agir : Dieu en soit loué !

A 9 heures, nous étions en vagon, prêts à partir, tranquilles, presque gais, si les malheurs de la patrie nous avaient permis de l'être.

A notre passage à Riom, nous fûmes harangués et acclamés par M. le maire, MM. les curés de la ville et la garde nationale. M. le maire nous adressa un discours ému ; MM. les curés nous offrirent cordialement leurs vœux ; la garde nationale nous accompagna des plus chaleureuses acclamations : « Vive l'ambulance ! Vive la France ! »

Vive la France ! C'était le cri qui sortait de toutes les poitrines ; cri unique, cri plein d'à-propos ; car jamais la vie de la France, comme nation, n'a été plus compromise : l'invasion l'écrase et l'anarchie la dévore.

4 Novembre. — Après deux arrêts assez longs à Saint-Germain-des-Fossés et à Saincaize et un arrêt très court à Bourges, nous arrivons à Vierzon, où nous séjournons jusqu'à 10 heures. Nous employons la durée de ce nouvel arrêt à visiter l'église et les ambulances.

A l'église, je dis des prières et je fais la communion spirituelle. Voilà bien une autre privation, la plus grande peut-être que nous aurons à supporter, celle de ne pas offrir tous les jours le sacrifice de l'autel. Mais S. Charles, dont l'Église célèbre la fête aujourd'hui, ne le célébrait pas tous les jours, quand il visitait la Valteline et les Grisons, ni S. Vincent de Paul, quand il était captif dans les pays barbaresques. O mon Dieu, donnez-moi les sentiments des saints lorsqu'ils étaient empêchés de célébrer vos divins mystères, et faites que je sache y suppléer comme eux!

Dans les ambulances, nous allons à la recherche des malades du département ; nous en trouvons deux seulement, dont l'un est originaire de Pionsat, l'autre de Saint-Sauves. Ce dernier est atteint d'une affreuse variole, dont le souvenir me poursuit le reste de la journée.
— C'est pourtant de cette maladie qu'est mort, il y a trois mois, le père et le bienfaiteur de mon âme, M. Leclerc, prêtre de Saint-Sulpice. Que Dieu lui donne un lieu de rafraîchissement, de lumière et de paix!

A l'ambulance de la mairie, on nous apprend la mort d'un mobile du Puy-de-Dôme, décédé dimanche dernier. Il se nommait Michel Valleix.

A 10 heures, nous nous remettons en route pour Tours. Dans le trajet de Vierzon à Tours, nous remarquons la petite ville et le château de Saint-Aignan, le long et curieux village de Bourié, dont les maisons sont taillées dans le roc, le château de Chenonceau et la vallée du Cher. A 9 heures, nous arrivons à Saint-Pierre-des-Corps, à 3 kilomètres en avant de Tours, et, après un repos au buffet de la station, nous repartons immédiatement pour Blois, où nous arrivons entre 10 et 11 heures.

A minuit, nous étions installés à l'hôtel du Château. Nous couchâmes comme nous pûmes, cinq dans une même petite chambre du rez-de-chaussée. De nos lits dédoublés il resta pour moi une bonne vieille paillasse dans une sorte d'alcôve humide. J'y dormis assez bien, malgré le froid et malgré la dureté de ma couche.

Samedi 5 Novembre. — Nous avons passé cette journée à Blois. M. le Supérieur a dit la messe, le matin, dans la chapelle des Frères ; nous y avons communié. Après la messe, le chirurgien en chef et l'aumônier sont partis pour le quartier général. Pour nous, comme à Vierzon, nous sommes allés dans les ambulances à la recherche des mobiles du Puy-de-Dôme. A la petite ambulance des Ursulines, nous en avons trouvé deux, l'un de Cournon, l'autre de Saint-Eloy-la-Vernade; au Petit Séminaire, deux aussi, l'un de Cournon, l'autre de Sarliève ; à l'hôtel-Dieu, plusieurs, dont l'un de Bouzel.

Dimanche 6 Novembre. — La messe a été dite encore à la chapelle des Frères par notre Supérieur ; nous y avons communié comme la veille.

Après la messe, nous sommes partis pour le camp.

A la nuit nous arrivons à La Chapelle-Saint-Martin, où nous cherchons un gîte ; il s'en trouve un pour nous sur un peu de paille dans une grange. C'est plus que n'en eut l'Enfant Jésus à Bethléem.

CHAPITRE III

HALTE AU CHATEAU DE VILLETARD

Lundi 7 Novembre. — Au matin, nous nous rendons au camp.

A peine avons-nous réuni nos compatriotes et commencé à leur parler que le canon se met à gronder dans la direction de la forêt de Marchenoir. Nos mobiles se hâtent de lever le camp et de marcher en avant. Leur attitude était bonne, irréprochable ; mais j'étais péniblement impressionné par leurs déplorables blasphèmes d'habitude.

J'ai vu M. Pourcher, M. l'abbé Bellaigue de Bughas, et leur âne, serré la main et donné ma gourde aux mobiles du Puy-de-Dôme, et repris malgré moi le chemin du village, où nous devions nous trouver réunis à midi.

C'était pour en repartir aussitôt, afin de nous installer au château de Villetard, canton de Mer, chez M. Charles Turpin.

En nous y rendant, nous entendons encore le canon ; j'étais seul en arrière, m'étant attardé avec un jeune homme de ma connaissance, employé à l'intendance, que j'avais rencontré à la sortie de La Chapelle. Ce bruit de la fusillade me semblait solennel et terrible ; bien des pensées s'élevaient en moi au son de ces formidables engins de destruction.

Le soir, presque aussitôt après notre arrivée au château, nous recevions des malades. Je les veillai pendant la nuit dans un pauvre grenier à foin, où nous les avions établis de notre mieux. C'est de là que j'écrivis à mes parents et à mes amis, qui n'avaient pas encore reçu de mes nouvelles depuis le départ.

Mardi 8 Novembre, Octave de la Toussaint. — Nous n'avons pas pu avoir de messe, même à entendre. Il y a cependant dans le château une fort belle chapelle ; mais il n'y a pas de calice ; on a caché tous les vases sacrés, ainsi que tous les objets précieux, qui abondent ici. Que je regrette de n'avoir pas apporté mon modeste et cher calice !

Dans l'après-dîner, j'ai travaillé à l'installation des malades, qui sont au nombre de 30 environ ; mais on en évacue plusieurs ; il n'en reste qu'une douzaine, dont deux du Puy-de-Dôme, l'un de Pont-du-Château, l'autre de Corent.

Le soir, à 8 heures, par le courrier et par des blessés, nous recevons confirmation des bonnes nouvelles que nous avions déjà de l'engagement d'hier. Les Prussiens ont été repoussés avec perte de la forêt de Marchenoir. Nous avions vu passer le jour sur la route soixante de leurs prisonniers.

Mercredi 9 novembre. Dédicace de S. Jean de Latran. — Point de messe aujourd'hui encore. J'ai prié et fait la communion spirituelle dans la chapelle du château. J'ai travaillé ensuite à l'installation des malades. Beaucoup sont atteints de la fièvre typhoïde ou de la dysenterie, deux maladies peu agréables à soigner. La nature proteste et se révolte. Misérable nature! Il faut la vaincre et la dompter; c'est le moment de faire ce qu'ont fait les saints. Je ne céderai pas, Dieu aidant. Sainte Élisabeth de Hongrie, Sainte Catherine de Sienne, priez pour moi et soutenez mon cœur pour qu'il ne défaille point. Il faut soulager les membres souffrants de J.-C., ces frères en Dieu, ces Français, mes compatriotes; coûte que coûte je le ferai; je ne voudrais céder à personne la part de mon calice. Voilà une bonne manière de communier à J.-C. L'humanité souffrante n'est-elle pas son corps mystique?

Ce soir, un de ces pauvres jeunes gens, originaire de la Mayenne, est mort entre nos bras de la fièvre typhoïde. Nous lui avons donné les derniers secours de la religion. Que Dieu ait son âme! Sans nous, peut-être n'aurait-il pas fait une aussi bonne mort. N'aurions-nous contribué à envoyer au ciel que ce seul élu que ce serait assez pour payer toutes nos fatigues et nous récompenser de nos dégoûts. O mon Dieu, donnez-nous des âmes, des âmes, et cela nous suffit.

Mercredi 9 *novembre*. — Ici, on commence à nous prendre pour des Prussiens; on menace de nous faire un mauvais parti. D'ailleurs, l'armée française a marché en avant; nous devons la suivre, deux raisons au lieu d'une pour que nous partions demain.

Nous nous dirigeons du côté de Beaugency, laissant notre pauvre mort et plusieurs malades dont nous confions la garde aux sœurs de Maves.

Il pleut; il est 11 heures; je vais me coucher, brisé de fatigue. — Que Dieu veille sur moi! Que sa Providence me mène toujours là où il y aura le plus de bien à faire, qu'elle me donne la force et la capacité de le faire, et, après m'avoir ramené au milieu des miens, ce que je désire de toute mon âme, qu'elle nous conduise tous au ciel!

CHAPITRE IV

STATION A MEUNG-SUR-LOIRE

Jeudi 10 *novembre*. — J'ai donné des soins aux malades que nous allions laisser. Pauvres jeunes gens! Ils nous aimaient déjà, et plusieurs, surtout le jeune homme de Pont-du-Château, étaient émus de nous voir partir et les quitter.

Nous déjeunons debout dans la cuisine du château, et nous nous mettons immédiatement en route.

Il pleuvait et neigeait; n'importe, nous n'en avions que plus de plaisir à aller en avant. Notre grande crainte a toujours été de n'avoir pas assez à souffrir pour notre part dans la crise actuelle.

Nous devions traverser de nouveau La Chapelle-Saint-Martin. En passant j'allai faire une petite visite au S. Sacrement, bonheur dont nous étions privés depuis longtemps.

A 2 heures, nous étions à Mer, à 14 kilomètres de Villetard. Le mauvais temps continuait; mais, à Mer, on nous apprend l'heureuse issue des combats de Baccon et de Coulmiers, et nous nous remettons en route, plus forts pour continuer à marcher en avant.

En chemin, nous rencontrons M. l'abbé Chassaigne (1), aumônier des mobiles de Riom, qui nous apprend que quelques mobiles blessés dans les dernières rencontres nous attendent avec impatience. Cette nouvelle redouble notre ardeur. Nous comblons les tranchées pratiquées dans la route pour la couper, afin de faire passer plus facilement nos voitures, et nous arrivons à 6 heures du soir à Beaugency, après avoir fait à pied 30 kilomètres.

---

(1) Après la guerre, M. l'abbé Chassaigne fut décoré de la Légion d'honneur. Il fut nommé curé d'Aurières, (Puy-de-Dôme), où il est mort.

Vendredi 11 novembre, S. Martin de Tours. — Je ne voulais pas que la fête de ce grand évêque, un des patrons de la France, passât inaperçue pour moi. Je désirais de toute mon âme m'approcher des sacrements. Je me confessai, servis la messe et communiai.

Après déjeuner nous repartîmes de Beaugency pour Meung, où l'on nous signalait la présence d'un certain nombre de blessés.

Nous y arrivâmes après deux heures de marche. L'aumônier et le chirurgien en chef allèrent visiter les blessés. Ils en trouvèrent quelques-uns d'Auvergne, entre autres le jeune Lucien Croze, qui avait eu une cuisse traversée par une balle. Mais comme on parut disposer à Meung d'assez de ressources médicales, nous pensâmes qu'il fallait pousser jusqu'à Orléans, où étaient maintenant nos troupes et nos mobiles.

Nous étions déjà à quatre ou cinq kilomètres de Meung, lorsque nous vîmes arriver à nous un jeune homme, qui se dit être le fils du maire, et qui venait, de la part de son père, requérir au moins quatre ou cinq personnes de l'ambulance pour porter secours aux blessés arrivés à Meung.

MM. Pireyre, Garde et Bernard, qui se trouvaient alors avec moi, s'offrent au chirurgien en chef pour cette mission. Je m'offre comme eux. Sans doute j'eusse bien préféré marcher avec les autres sur Orléans que rester ainsi à l'arrière-garde de l'ambulance; mais je crus devoir m'imposer ce sacrifice, qui aurait été tout aussi désagréable aux autres qu'à moi.

Nous voilà donc rebroussant chemin sur Meung. Nous nous présentons à M. le maire, qui nous conduit au château et nous met en rapports avec MM. Hybord, père et fils, médecins de la localité. Il demeure convenu que cette ambulance nous sera confiée.

Elle se compose d'une quarantaine de blessés distribués dans les vastes salles du vieux château des évêques d'Orléans. Ce château, joint à une maison moderne, est aujourd'hui la propriété d'une famille française, naturalisée américaine, la famille Bossange, originaire de

Saint-Étienne. Elle est représentée par ses deux fils, jeunes gens très bien élevés, qui offrent aux blessés et à nous-mêmes la plus généreuse et la plus cordiale hospitalité.

Dimanche 13 novembre. Fête de la Dédicace des églises. — Pour la première fois depuis notre départ, j'ai eu le bonheur de célébrer la sainte Messe.

La journée s'est passée à organiser le service des blessés, tâche pénible et difficile. J'ai veillé auprès d'eux jusqu'à une heure du matin.

Ce qui m'a frappé dans les premiers soins donnés à ces malheureuses victimes de la guerre, c'est d'abord la gravité et la diversité de leurs blessures, ce sont les souffrances mêmes qu'elles leur occasionnent, les gémissements et les cris qu'elles leur arrachent, c'est aussi leur patience et leur résignation au milieu des maux qu'ils endurent, au milieu même des soins qu'on leur donne, et qui sont pour eux de nouvelles occasions de souffrir.

Ils sont une quarantaine de jeunes gens de toutes armes et de tous les points de la France, dans la force de l'âge, dans toute la vigueur de leur robuste jeunesse. Les voilà tous plus ou moins grièvement atteints, étendus sur des lits de douleur, les uns blessés aux pieds, les autres aux jambes, quelques-uns à la poitrine, d'autres à la tête; celui-ci a une balle au talon, celui-là le pied traversé, l'un le genou fracassé, l'autre la cuisse brisée; un troisième a l'épaule démontée, un autre a la mâchoire emportée. Eh bien, pas un murmure, pas une plainte, pas une imprécation; ils souffrent avec une énergie qui peut n'être pas toujours chrétienne, mais qui n'en est pas moins digne d'éloge et d'admiration.

Lundi 14 novembre. — Encore un jour de travail et de fatigues considérables pour l'installation et pour l'organisation du service.

Deux nouveaux venus nous arrivent d'Épied, où un grand nombre de blessés avaient été déposés provisoirement dans l'église de la paroisse. L'un, mobile de la Sarthe, a la cuisse cassée; l'autre, originaire du Berry, ancien ouvrier des forges de Fourchambault et soldat de la ligne, a une blessure à la jambe, qui est brisée. L'un et l'autre souffrent beaucoup ; mais le mobile de la Sarthe souffre avec un courage héroïque et sans murmurer, tandis que son compagnon n'a pas la même énergie. Ce n'est pas sans peine qu'on les a installés. Il a fallu les descendre avec des précautions infinies de la mauvaise charrette sur laquelle on les a amenés, et les transporter de même. Quelle douleur, lorsque, malgré la plus grande prudence, on les fait souffrir !

...La journée est finie ; elle a été bien remplie ; je n'ai qu'un regret, celui de n'avoir pu la commencer par la célébration de la sainte Messe.

Mes bagages, que je n'avais pu prendre lors de notre retour à Meung, me sont arrivés, apportés par M. Compte (1). Nous avons vu aussi le père de M. Croze, accouru près de son fils.

---

(1) M. l'abbé Compte, élève du grand séminaire de Clermont, aujourd'hui curé de Montaigut-en-Combrailles (Puy-de-Dôme).

Mardi 15 novembre, Sainte Gertrude. — Plus heureux qu'hier, j'ai pu aujourd'hui célébrer les saints mystères.

Dans la journée, notre petite colonie s'est augmentée de deux membres : un aide-médecin, M. Grellet, et un de mes confrères, M. Fouilhoux (1). J'avais désiré sa présence et j'avais écrit dans ce sens à M. le Supérieur, craignant de ne pouvoir suffire à l'ouvrage.

Jeudi 17 novembre. — Nous recevons une lettre de Beaugency, par laquelle on nous demande un de nos médecins. M. Pireyre (2) va consulter à ce sujet le chirurgien en chef, à Orléans : il est décidé que M. Garde partira le lendemain.

Vendredi 18 novembre. — M. Garde nous quitte pour se rendre à Beaugency. Notre personnel se trouve ainsi réduit à cinq personnes, dont trois médecins et deux infirmiers ; mais le service est maintenant organisé, plusieurs

---

(1) Missionnaire diocésain, aujourd'hui chanoine titulaire de la cathédrale de Clermont.

(2) Aujourd'hui docteur en médecine à S. Amant-Tallende (Puy-de-Dôme).

de nos blessés ont même été évacués, d'autres le seront bientôt, en sorte que nous pouvons suffire au travail. D'ailleurs, nous sommes considérablement aidés, d'abord par des serviteurs du château, puis par les dames religieuses de la ville, et grâce à l'arrivée de M. Fouilhoux, je n'aurai plus à veiller que d'une nuit à l'autre.

Ce matin j'ai pu dire la messe dans la chapelle du château. Cette chapelle, en forme de rotonde, doit être l'ancienne chapelle domestique des évêques d'Orléans, qui avaient là jadis, sur les bords de la Loire, leur résidence d'été. Le dôme repose sur des colonnes d'ordre dorique. Elle ne renferme de remarquable qu'une statue de sainte Thérèse. Cette statue représente la sainte dans un de ces élans d'amour divin qui lui étaient si familiers, peut-être au moment où elle se donne entièrement à Dieu et émet du fond de son cœur le vœu de faire toujours tout ce qui lui paraîtra le plus parfait. Son attitude est sublime, les mains jointes et élevées au ciel, le corps en avant, les yeux en haut. L'expression du visage dit toute la pensée et révèle toute l'ardeur de son âme ; c'est la traduction de la parole de cette divine amante de Jésus : « Ou souffrir ou mourir. Je me meurs de ne pouvoir mourir ». C'est une des statues les plus expressives que j'aie jamais vues, même en Italie. Du reste, M. Ingres, qui s'entendait bien en œuvres d'art, l'appréciait beaucoup.

C'est dans cet oratoire que je pourrai dire la messe aussi longtemps que je resterai à Meung. Les jeunes propriétaires du château l'ont mis à ma disposition avec cette bienveillance et cette gracieuseté qui les distinguent, et les objets nécessaires au Saint Sacrifice ont été disposés et préparés d'avance par la gouvernante qu'ils ont à leur service depuis 17 ans, et qui, irlandaise d'origine, me semble être une excellente catholique. Elle est mariée à l'un des serviteurs qui nous aident, et elle rivalise avec lui d'empressement pour nous être agréable.

Samedi 19 novembre. Sainte Élisabeth de Hongrie. — C'est bien la patronne des infirmiers ; nous pouvons l'invoquer comme telle. J'ai célébré la sainte messe ce matin en me mettant sous sa protection et j'ai pu ensuite prendre le train de 7 heures de Meung à Orléans, où j'ai passé la journée avec mes confrères.

Je me suis d'abord rendu à la cathédrale de Sainte-Croix, que j'ai visitée sommairement, puis à la place du Martroy, où s'élève la statue équestre de Jeanne d'Arc. La vue de cette image de la libératrice de la France m'a arraché, dans les circonstances présentes, des larmes sincères. La Pucelle a le bras et l'épée tendus, et son regard inspiré fixe le ciel, d'où lui viennent sa force et sa mission. Hélas, ce n'est que de là que peut venir notre secours dans la crise actuelle. Quel besoin n'aurions-nous pas d'une nouvelle Jeanne d'Arc ! Des fleurs et des couronnes de lauriers et d'immortelles ont été déposées au pied de la sainte effigie ; l'une d'elles orne son casque ; sur une autre on lit ces mots : « Orléans espère en toi ! » Ces couronnes et ces fleurs jetées là depuis le début de l'invasion ont été renouvelées à la suite des récents succès de l'armée de la Loire et de la délivrance d'Orléans... Mais cette statue, érigée sous le règne de Napoléon III, vient de voir la fin de ce triste règne, les humiliations et les défaites de la France ; elle vient de voir les hordes allemandes défiler devant elle. Ah ! qui nous donnera une autre Pucelle ! Que ne s'élève-t-il des cendres de son bûcher une autre héroïne suscitée par Dieu pour sauver la France en péril !... Je m'éloignai, roulant dans mon esprit toutes ces tristes réflexions, et m'engageant dans la rue Bannier, qui débouche précisément sur la place du Martroy, j'arrivai au n° 111, où est installée l'ambulance du Puy-de-Dôme...

A 6 heures, je laissai mes confrères et repris le train pour Meung.

Dimanche 20 novembre. Octave de la Dédicace. — Ces messieurs de la section de Meung ont tous assisté à la sainte Messe, que j'ai dite dans la chapelle du château après avoir achevé les pansements. Ils m'ont ainsi causé la plus vive satisfaction. Voici encore un des côtés avantageux de notre mission : nous pouvons exercer une influence salutaire, non seulement sur les malades et les blessés, mais aussi sur les médecins qui vivent avec nous d'une vie intime et commune. Combien nous pouvons leur être utiles, si nous savons nous y prendre ! O mon Dieu, faites que nous ne soyons pas trop inférieurs à notre tâche ! Puissions-nous la remplir avec une telle intelligence et une telle modération, que nous portions ceux avec lesquels nous vivons au bien et à l'estime de la religion !

Lundi 21 novembre, mardi 22, mercredi 23, jeudi 24, vendredi 25 novembre. — Rien n'est changé dans notre situation : nous menons toujours la même vie et nous remplissons les mêmes offices. Voici comment se passent à peu près uniformément nos journées : le matin, à 7 heures, la sainte Messe ; de 7 h. 1/2 à 11 heures, visite et pansement des blessés. A 11 heures, déjeuner. A 2 heures, visite dans les salles pour s'assurer de l'exécution des ordonnances médicales. A 4 heures, nouvelle visite des docteurs et nouveaux pansements, suivis du dîner. Après le dîner, quatrième visite avant la veillée, qui est faite alternativement par l'un des deux infirmiers religieux.

Voici maintenant le nom des malades, après les évacuations successivement opérées. Nous avons dans l'ambulance du château de Meung cinq salles différentes :

1º La salle communale, dix lits.

2º La salle ronde, six lits.

3º La salle longue, cinq lits.

4º Deux salles réunies, cinq lits.

5º Au 2ᵉ étage, la salle dite de MM. Bossange, dix lits.

De plus, une chambre à deux lits pour les officiers, et une chambre à un seul lit pour un malheureux Bavarois horriblement blessé et qui répandait une odeur infecte.

1ʳᵉ salle : Le premier lit à droite est occupé par un Parisien, Emile Buisson, chasseur de Vincennes : balle au talon gauche, souffrances vives, hémorragies, balle incrustée dans l'os calcaneum, non encore extraite et très difficile à extraire. — Le lit n° 2 est occupé par Bressan, de Mâcon : jambe fracturée par une balle, saillie de l'os tibia. — Au n° 3, se trouve Warand, lyonnais : cuisse fracturée par une balle, qu'a extraite M. Garde. — Le n° 4 est occupé par Finance, normand : avant-bras fracturé par une balle, qu'a extraite, après suppuration, M. Pireyre. — Le n° 5, Joseph Pézières, a reçu une balle à l'avant-bras. — Le 6e, un Berrichon, a la jambe cassée. — Le 7e, un mobile de la Sarthe, a la cuisse cassée. — Le 8e, un breton, Mathurin Granier, a reçu à la partie supérieure de la jambe une balle, qui est sortie au jarret. — Le 9e, Garde, d'Arlanc (1), a eu le pied traversé par une balle.

2° Salle ronde. — N° 1, Marchant, des Andelys (Eure), caporal ; un bras fracturé par une balle. Aimable et excellent jeune homme. — N° 2, Barrière, (Dordogne) ; éclat d'obus au mollet. — N° 3, Joseph Dupin, de Rochefort-sur-Mer ; éclat d'obus au-dessus du pied. — N° 4, Dard, (Loire) ; éclat d'obus au mollet.

---
(1) Puy-de-Dôme.

2° Salle longue. — N° 1, Lebrec, balle à la mâchoire, sortie dans le cou. Ses parents l'ont emmené. Son père, actuellement percepteur dans les environs d'Angers, l'a été dans le Puy-de-Dôme, à St-Dier. — N° 2, Pratz, des Pyrénées-Orientales. Il a reçu une balle à l'épaule. L'extraction en fut faite par M. Hybord fils, le jour même de notre arrivée à Meung. C'est la première incision à laquelle j'ai assisté. — N° 3, Henri Fortin, du Calvados, clairon du bataillon de chasseurs à pied. Il a reçu une balle dans le dos ; elle a pénétré profondément. Grand et beau jeune homme que les médecins regardaient à peu près comme condamné à mort. — N° 4, lit vacant. — N° 5, Henri Peiffer, de St-Avold, chasseur à pied ; fracture de la clavicule.

3° Deux salles réunies. — Les blessés qui y avaient été déposés ont été rapidement transportés ailleurs ou évacués. Parmi eux se trouvait un belge de la Légion étrangère, qui nous a paru très religieux.

4° Salle de MM. Bossanges. — N° 1, Henri

Chevalier, Savoisien ; charmant jeune homme, âme chrétienne ; il a reçu une balle à l'épaule. — N° 2, Alexandre Simonet, Parisien, fracture de la rotule ; jeune homme très intéressant aussi. — N° 3, malade dont l'état est peu grave ; balle au bras. — N° 4, un soldat de la ligne, originaire de St-Étienne ; une balle au bras. — N° 5, un engagé volontaire de Reims ; il a reçu à la poitrine une balle sortie au-dessous de l'épaule. — N° 6, Frantz Schwartzemberk, bavarois ; cinq blessures, dont une dans le flanc, les autres aux bras et aux jambes. — N° 7, Blaise Brun, Savoisien. Il a reçu dans le dos une balle qui a traversé les chairs dans toute la largeur. Ce malheureux, toujours obligé de se coucher sur ses blessures, souffre beaucoup. — N° 8, Jean Ousset, de l'Ariège ; cuisse fracturée par une balle, souffrances très vives, mais grande force et grande égalité d'âme, qui lui font trouver un sourire jusqu'au milieu de ses plus cruelles douleurs. C'est le type de l'innocent enfant des montagnes. C'est par ces enfants-là que la France sera sauvée...

La chambre des officiers contient deux lits : l'un est occupé par le lieutenant Loréal, du Morbihan, qui a une blessure et une fracture à la cuisse ; l'autre par notre compatriote Lucien Croze, adjudant au 2e bataillon de mobiles, qui a également une blessure à la cuisse, mais sans fracture.

Le lieutenant a été décoré de la Légion d'honneur. Cette distinction, qui lui a fait le plus grand plaisir, a contribué quelque peu à son soulagement.

Une mention honorable a été accordée à M. Croze.

Tel est le personnel des blessés auxquels nous avons eu à donner nos soins. Ils ignoraient d'abord que nous fussions prêtres, mais ils l'ont su bientôt et ils en ont été touchés. Nous ne leur avons que très peu parlé de religion, et je me suis même demandé si ma réserve sur ce point n'a pas été excessive. Je n'oserais pas affirmer que j'ai mal fait : il vaut mieux, en certaines circonstances, prêcher par l'action que par les paroles. En nous voyant passer jour et nuit dans les salles avec notre tablier de service et notre costume d'infirmiers, en nous voyant nous approcher doucement de leur lit de douleur, les consoler, les panser, chercher à soulager leurs souffrances, ne leur suffisait-il pas de savoir que nous étions des prêtres pour comprendre la portée morale et religieuse de ces actes? Ce langage muet de nos actions ne valait-il pas mieux que des paroles? Je dirai plus : souvent nos paroles n'auraient fait que nuire à l'efficacité de nos actions.

Les blessés n'étaient pas seuls à ressentir cette influence occulte, mais irrésistible, de l'homme qui se dévoue sincèrement au service de ses semblables. Déjà les habitants de Meung, qui connaissaient notre qualité de prêtres, s'étaient montrés touchés et édifiés de notre rôle auprès des malades. Quand ils venaient visiter les pauvres blessés, ils se disaient tout bas les uns aux autres, en nous désignant : « Ces messieurs, ce sont les prêtres ».

Les autorités municipales de la localité et

les médecins ne peuvent qu'apprécier aussi notre bonne volonté et les sacrifices que nous avons dû faire en quittant jusqu'à notre costume sacerdotal pour nous consacrer à ces fonctions.

Enfin, c'est surtout aux deux jeunes propriétaires du château que notre exemple a paru utile. « Nous n'aimions pas les prêtres, disaient-ils à nos médecins ; ceux-là nous forcent à les aimer ». Et ils semblaient vouloir rivaliser avec nous de zèle, de dévouement, de sollicitude pour les malades. Que Dieu tienne compte à ces jeunes gens de la générosité qu'ils ont déployée ! Eux aussi nous ont forcés à les aimer.

Samedi 26 novembre. Saint Stanislas Kotska. — Je n'ai pas pu dire la sainte Messe. Mon confrère, qui ne l'avait pas célébrée de quelques jours, l'a fait aujourd'hui ; mais il a pris les seuls moments libres que je pouvais avoir, et j'ai été obligé, à mon grand regret, de renoncer à la célébration du S. Sacrifice. — S. Stanislas Kotska, qui n'avez pas toujours eu le pain eucharistique à votre disposition, et qui l'avez reçu alors de la main d'un ange, aidez-moi à le prendre et à le recevoir en esprit!

Lundi 28 *novembre.* — Notre départ de Meung pour Orléans est résolu... C'est le dernier jour que nous passons auprès de nos chers blessés. Ils s'en doutent, bien que nous ne le leur ayons pas dit positivement ; ils en ont le cœur gros, et nous aussi.

Mardi 29 *novembre.* — Je ne verrai pas nos blessés avant de partir. J'en aurais trop de de peine et leur en ferais peut-être éprouver.

Nous manquons le premier train ; nous avons failli aussi manquer le second, après l'avoir attendu une bonne partie de la journée. Nous voilà cependant en route pour Orléans, où nous arrivons le soir même.

———

CHAPITRE V

SÉJOUR DE L'AMBULANCE A ORLÉANS.
BATAILLES DE CHEVILLY, D'ARTHENAY ET DE CERCOTTES.

Mardi 29 *novembre.* — Nous sommes descendus à l'hôtel de la Boule d'Or. Comme il n'y a plus de lits dans l'hôtel, on nous conduit à une annexe, qui n'est rien moins que convenable. Là on nous fait monter par un escalier de bois malpropre jusqu'à une chambre à deux lits bien plus malpropre encore. Nous faisons l'inspection, et les résultats nous persuadent d'abord d'aller chercher un gîte ailleurs. Cependant, comme il est tard, que d'ailleurs on n'est à la guerre que pour souffrir, nous nous décidons à rester. Nous nous jetons tout habillés sur notre grabat, dans notre mansarde, et nous tâchons de dormir.

Mercredi 30 *novembre. Saint André.* — J'ai célébré la sainte messe et fêté S. André, cet illustre amant de la croix de J.-C., dans la cathédrale de Sainte-Croix, à l'autel de saint François d'Assise.

Jeudi 1er *décembre.* — C'est aujourd'hui, me dit-on, que doit avoir lieu la grande bataille. Je vais dire la sainte Messe pour demander à Dieu de bénir nos armes ; je la dirai à Saint-Paterne, église située presque en face de notre ambulance.

Après la messe, je reçois mon billet de logement pour la rue Bœuf-Saint-Paterne, proche de l'église. La personne à qui je suis adressé, une jeune femme qui me parle son enfant au bras, fait des difficultés pour me recevoir. Elle me renvoie poliment et non sans un embarras bien marqué, alléguant qu'elle a plus que sa sa part d'étrangers à loger.

Je me retire sans insister, et je vais rejoindre mon confrère, M. Fouilhoux, qui a trouvé, lui, une maison entièrement vide pour le recevoir, les propriétaires étant partis depuis longtemps déjà. On met la maison à notre disposition, et nous nous établissons au rez-de-chaussée, dans une pièce où se trouvent deux lits. Cette maison appartenait à M. du Colombier, inspecteur du chemin de fer. Il en avait laissé la garde à un homme de confiance, honnête savoyard et marchand de bois, nommé Morin, sous la surveillance de son beau-père, M. de la Taille, qui demeurait dans une maison voisine donnant sur la rue adjacente du Pot-de-fer.

La grande bataille n'a pas eu lieu aujourd'hui, contrairement à ce qu'on pensait. Nous avons passé la journée avec M. Chardon, revenu du camp où il est demeuré plus de huit jours, et avec M. Ossedat (1), revenu de Clermont, où il a conduit M. Saulze (2), atteint de la

---

(1) Missionnaire diocésain, aujourd'hui curé de Celles (Puy-de-Dôme).
(2) Missionnaire diocésain, aujourd'hui Supérieur de la Congrégation de Notre-Dame de l'Assomption, à Clermont-Ferrand.

petite vérole. Comme on s'attend d'un jour à l'autre à une action générale, l'ambulance est à peu près dégarnie, et nous avons quelque temps libre. J'en donne une part à M. Compte, pris, lui aussi, par la maladie. On croit qu'il est atteint, comme M. Saulze, de la petite vérole. Ils l'ont contractée l'un et l'autre au service des varioleux qu'ils ont eu à soigner. Plus et moins heureux que ces deux confrères, nous n'avons pas eu ce tribut à payer. Quand nous sommes arrivés de Meung, il n'y avait plus de varioleux à l'ambulance d'Orléans, et nous n'avons pas été exposés à la contagion.

Vendredi 2 décembre. — C'était le jour où devait avoir lieu la bataille attendue.

Au matin nous n'en savions rien encore. Il était seulement décidé que M. le Supérieur, M. Fouilhoux et moi, nous irions au camp avec l'omnibus de l'ambulance.

C'est le cocher Martron qui nous conduit. Au moment de partir, on nous rapporte le bruit qui circule dans Orléans : « Paris est débloqué! Paris est débloqué! Ducrot est sorti ! Ducrot est à Étampes ! » C'est une grande joie dans toute la ville ; c'est une grande joie dans nos cœurs... Nous nous mettons en route sous l'empire de ces pressentiments de victoire. Le soleil semble vouloir s'associer à la fête : il brille du plus vif éclat. Le froid est piquant et la campagne est couverte de givre et de vapeurs ; mais il n'y a pas un nuage au ciel.

Nous arrivons à Cercottes, à 6 kilomètres d'Orléans. Nous nous dirigeons à gauche, vers Gidy, où étaient le camp des mobiles et les principales positions de l'armée. On nous avertit que le camp est levé et que l'armée est en avant. Nous voilà repartis au galop de nos chevaux du côté de Chevilly, qui se trouve à 12 kilomètres d'Orléans. Dans le bourg, nous trouvons les voitures du 32e mobiles. Le sergent Bataille et le lieutenant d'Aurelles nous disent que leurs camarades sont déjà à Arthenay. Le jeune d'Aurelles me parle avec enthousiasme des nouvelles de Paris, qui ont été lues, à l'ordre du jour, à toute l'armée.

Sans nous arrêter davantage, nous continuons sur Arthenay. En route nous dépassons plusieurs batteries d'artillerie de réserve. Quand nous entrons dans Arthenay, à 21 kilomètres d'Orléans, il est près de midi. Les mobiles en sont déjà sortis... Nous laissons l'omnibus à Arthenay, nous demandons des renseignements aux gens du village, et nous nous portons à pied dans les directions qu'on nous indique.

On nous avait dit que nous trouverions le 32e mobiles à quelque distance, sur la grande route, près du chemin de fer. A peine avons-nous fait quelques pas en dehors d'Arthenay que nous rencontrons des mobiles de l'Ariège, qui nous montrent les nôtres dans la campagne, à 1 ou 2 kilomètres en avant. Pour les atteindre, nous passons à travers champs; nous étions alors avec l'un d'eux, M. Lafarge, d'Issoire, frère de notre éclaireur. La bise soufflait avec violence et nous caressait peu agréablement le visage. Nous marchions quand même au pas de course, désespérant d'atteindre les mobiles qui ne s'arrêtaient jamais.

Tout à coup, quand nous ne sommes plus qu'à deux ou trois cents pas du régiment, nous entendons un petit coup sec, comme une détonation lointaine de fusil. Ce coup attire à peine notre attention. En même temps nous voyons à l'horizon des bois et dans ces bois mêmes une fumée épaisse. Nous pensons que c'est la fumée d'incendies allumés par les Prussiens en se retirant. Or, tandis que nous sommes à considérer ces tourbillons de fumée, voici que les petits coups secs se rapprochent et deviennent plus fréquents et plus graves. Bientôt il n'y a plus de doute possible : c'est le son du canon, et cette fumée est aussi la fumée du canon. Nous apercevons même dans le lointain les batteries françaises, et nous voyons devant nous notre cavalerie aller et venir pour exécuter ses mouvements et prendre ses positions de combat. Néanmoins nous ne croyons pas encore à une bataille. Parvenus au milieu des mobiles, nous sommes entourés par ces jeunes gens qui ont formé les faisceaux et qui attendent là les événements. Ils ne croient pas non plus à une bataille. Ils pensent avec nous que les canons qu'on entend tendent seulement à sonder les bois qui sont en face. Nous parlons ensemble d'aller à Paris, d'après les nouvelles du matin, comme s'il s'agissait d'une facile promenade. J'échange les mandats de poste de ceux qui en ont, j'avance quelque argent à ceux qui n'en ont pas, je recommande à tous de parler à l'aumônier et je leur serre affectueusement la main en leur donnant rendez-vous à Paris.

Le canon grondait toujours... Bientôt il devint évident qu'il s'agissait d'une vraie bataille.

Il était environ 3 heures du soir. Le soleil, déjà à son déclin, éclairait de ses feux rougeâtres les vastes plaines qui s'étendaient à perte de vue devant nous dans la direction du couchant. C'était précisément dans cette direction qu'avait lieu l'engagement, et nous distinguions très bien au loin les lignes et les batteries françaises, et plus loin encore les lignes et les batteries ennemies. Une batterie française vint même s'établir à quelque distance de nous, tandis qu'autour de nous les obus commençaient à sillonner les airs en tous sens, laissant après eux dans les airs ce large flocon de blanche fumée, semblable à un ballon, et qui est le signal et la trace de leur passage.

Nous étions donc au milieu d'une bataille: nous nous arrêtâmes un moment pour en embrasser toute l'étendue et pour en découvrir autant que possible toutes les chances. Jamais spectacle pareil ne s'était présenté à nos regards. Là, dans ces champs ensemencés depuis peu, dans ces plaines fertiles de la Beauce, au cœur de notre France, non loin des bords prédestinés de la Loire, non loin de cette ville d'Orléans, la ville de notre libératrice, une armée française, la dernière, est aux prises avec les envahisseurs... Avec quelle émotion, dans quelle angoisse nos cœurs cherchaient à pressentir l'issue de la lutte! Nous allions et venions, en proie à une anxiété indescriptible; nous interrogions l'horizon, nous écoutions le bruit plus ou moins rapproché de la fusillade, le crépitement des mitrailleuses, pour en conclure la marche en avant ou la retraite présumée de nos troupes... Et dire que la plupart de ces coups, qui retentissent à nos oreilles, portent sur des membres humains et sur des poitrines humaines ; que, lancés par des hommes, ils atteignent d'autres hommes, et leur font de larges, de profondes, de sanglantes, souvent de mortelles blessures ! Dire que les peuples sont ainsi habiles à s'entre-détruire, quand ils devraient s'entr'aider et s'entr'aimer! Grand Dieu, quelle chose affreuse que la guerre, quel fléau de votre justice! Pour le comprendre, il faut l'avoir vu de près; il faut avoir vu la guerre moderne, avec toutes ses horreurs.

Ces réflexions et bien d'autres assiégeaient en foule mon esprit, lorsque je vis venir à nous un groupe de cinq ou six soldats de la ligne. Ils étaient blessés, et apercevant au loin nos croix d'ambulance, ils s'étaient dirigés de notre côté. L'un avait l'index emporté ; l'autre, une balle dans le bras; un troisième avait eu l'os frontal labouré par une balle... Nous les accueillons avec empressement ; nous nous chargeons de leur fusil et de leur sac, et nous les emmenons aux ambulances d'Arthenay pour les y faire panser.

Chemin faisant, nous rencontrâmes aussi, hélas! quelques soldats, qui tournaient le dos à l'ennemi. Nous leur adressâmes les remontrances les plus indignées, et nos blessés s'unirent à nous pour les gourmander: « Lâches, s'écriaient-ils, si vous étiez blessés comme nous, vous pourriez fuir ; mais vous fuyez sans avoir rien fait. Ah! si j'avais encore mon doigt pour tirer, disait en montrant sa main sanglante celui qui avait l'index coupé, je retournerais au feu ! »

En entrant dans Arthenay, nous trouvâmes toutes les maisons fermées. Les blessés commençaient à affluer de toutes parts. Nous adressâmes les nôtres à la mairie et nous nous mîmes à la recherche de notre omnibus que nous avions laissé là le matin. Ne le trouvant pas, nous nous décidâmes à repartir à pied. Au moment où nous sortions d'Arthenay, les blessés y arrivaient en foule ; on ne voyait que brancards, cacolets et voitures d'ambulance ; et, au milieu du tumulte et du bruit sourd de la canonnade, on entendait les gémissements plaintifs et les cris déchirants des malheureux qu'on transportait du champ de bataille. Je n'ai rien vu de plus navrant. On avait converti en ambulance même une salle de bal située près de la mairie.

A quelques pas d'Arthenay, nous vîmes une batterie qui se rangeait en ligne le long de la route, à très peu de distance devant nous. Nous rencontrâmes aussi les voitures de transport auxiliaires que nous avions vues le matin : elles avaient tourné bride et se repliaient sur Chevilly. Il était près de 3 heures. Nous commençâmes à craindre que la journée ne fût perdue.

Le soleil, qui m'avait semblé si radieux le matin, me paraissait alors n'éclairer qu'une retraite, qui pouvait se changer en déroute.

Les vapeurs rouges au milieu desquelles il se couchait à l'horizon semblaient à mes yeux un voile de sang jeté sur cette terrible journée... Impossible de dire et même d'analyser tout ce qui se passa dans mon cœur cruellement partagé entre la crainte et l'espoir.

Nous fîmes pourtant une rencontre qui accrut ma confiance, la rencontre d'un jeune sergent blessé qui se reposait dans le fossé de la route. Nous l'abordâmes : il nous dit qu'il était lorrain, qu'il se trouvait à l'attaque d'un village qu'il nous montra en avant d'Arthenay, et que là, dans une charge furieuse à la baïonnette, il avait eu son commandant tué à ses côtés, et que lui-même avait été blessé au mollet. La balle avait traversé de part en part; le sang coulait le long de sa guêtre blanche. A notre vue, il se leva pour nous parler et voulut nous suivre jusqu'à Chevilly. Nous lui offrîmes de porter son sac et son fusil ; mais il fut impossible de lui faire accepter ce service. Son courage l'en empêchait: « Merci, messieurs, nous disait l'énergique soldat, je vais vous suivre de loin comme je pourrai; car je ne veux pas être prisonnier de ces odieux Prussiens; je l'ai été déjà deux fois, c'est assez; mais je ne regrette rien : je leur ai rendu aujourd'hui tout le mal qu'ils m'ont fait, et je crois que, en somme, la journée sera bonne pour nous... » Cette force d'âme, ce mâle courage, ces paroles énergiques me redonnèrent espoir. — Nous rencontrâmes encore en chemin des compatriotes délégués par le Comité et qui apportaient des fournitures aux mobiles. Parmi eux se trouvaient M. Péret et M. Teyras de Grandval. Nous nous fîmes connaître, et, après une courte conversation, nous poursuivîmes notre route, et nous entrâmes au crépuscule dans Chevilly.

Nous n'avions rien pris depuis le matin; nous eûmes de la peine à trouver un morceau de pain. Nous le mangeâmes en nous rendant à la gare. Un train allait partir pour Orléans : nous y montâmes en compagnie d'un officier des mobiles de la Charente-Inférieure, blessé à la hanche par un éclat d'obus, près du village de Terminais, entre Patay et Arthenay. C'est alors que nous comprîmes que la bataille avait été générale sur une ligne de près de dix lieues, de Patay à Neuville-aux-Bois.

De retour à Orléans, nous avertîmes le chirurgien de la bataille qui s'était livrée, ajoutant qu'elle recommencerait certainement le lendemain : car elle nous paraissait indécise, et elle l'était en effet.

En conséquence, il fut résolu que le lendemain samedi, à la première heure, on se porterait en avant d'Orléans, sur le lieu même de l'action.

Quelqu'un me reprocha, non sans amertume, de n'avoir pas allumé de feu assez tôt dans les salles (comment l'aurais-je allumé avant d'être arrivé?) et m'appliqua, entre autres épithètes, celle de *parasite*... Elle avait assurément du vrai en ce qui me concernait. S. Vincent de Paul se reprochait de ne pas gagner le pain qu'il mangeait. Bien mieux que lui, je pouvais me faire ce reproche ou le subir. Je le subis, en effet, après un moment de lutte, avec une certaine joie...

Samedi 3 Décembre. — Une première fraction de l'ambulance se met en route pour Chevilly et Arthenay : car on nous avait dit que, la veille, l'armée française avait gardé ses positions. J'étais de cette première escouade avec le jeune J. Gautier.

Sur tout le parcours, jusqu'à Cercottes, la route est encombrée de voitures de transport, qui ne nous laissent avancer qu'au pas. Arrivés à Cercottes, nous rencontrons une ambulance qui vient de Chevilly et nous apprenons qu'il est impossible d'aller s'y établir, que c'est là qu'on se bat. Le canon gronde, en effet, avec fréquence et intensité.

Nous prenons donc le parti de demeurer à Cercottes. Nous demandons un local au maire qui nous renvoie au curé. Celui-ci nous offre son presbytère et au besoin son église. Nous nous établissons au presbytère et nous ne cessons plus jusqu'au soir de panser les blessés, au milieu de la plus effroyable canonnade.

Le soir, malgré la défense héroïque de Chevilly par les chasseurs à pied, malgré le tir puissant de nos pièces de marine, l'armée entière battait en retraite. Dans le désordre de cette retraite, tout un régiment se présente au presbytère et demande de l'eau. « Mes amis, dit le curé, je n'en aurai pas assez pour tous dans mon puits ». Il va néanmoins en chercher et il en distribue à ces malheureux, qui se précipitent avec avidité pour apaiser leur soif... Que la vue de ces hommes altérés et brisés de fatigue m'a fait mal au cœur! Si encore nous avions pu donner à chacun un verre d'eau !

A quelques pas du presbytère, sur la petite place de l'église, un autre spectacle non moins triste vint frapper mes regards : le commandant en chef de l'armée de la Loire, le général d'Aurelles, au milieu de son escorte, cherchait à mettre quelque ordre dans cette douloureuse retraite et donnait ses instructions pour le lendemain. Je n'oublierai jamais cette scène : une brume épaisse augmentait encore l'obscurité du crépuscule. Le général, à cheval, enveloppé dans son manteau de caoutchouc, présidait à tout. Pâle et défait, la mort dans l'âme, mais ferme encore, il semblait commander à sa douleur comme à son armée. On eût dit le génie austère de la France, seul debout au milieu des ruines, ébranlé, mais non pas abattu. Ceux qui ont osé parler de la trahison ou de l'incapacité du général ne l'ont pas vu comme nous le soir de la bataille...

Le canon ne cessait de tonner. La nuit allait tomber. Cercottes devait être le lendemain le théâtre de la lutte et la troisième étape des Prussiens avant leur entrée à Orléans. Il était prudent de repartir; du reste, le général nous l'ordonnait. Nous mîmes nos blessés en voiture et nous prîmes tristement le chemin du retour. Aux abords de Cercottes, la route était couverte de troupes qui formaient une masse compacte à travers laquelle il était impossible d'avancer. Nous parvînmes cependant à nous dégager de cette foule d'hommes qui, serrés les uns contre les autres, nous étreignaient malgré eux comme dans un étau. Tout le long de la route nous rencontrâmes les chariots de l'armée qui se dirigeaient en nombre considérable sur Orléans. Entre ces chariots qui avançaient pêle-mêle, nous trouvions tantôt un troupeau de moutons ou de bœufs, tantôt une bande de fuyards, tantôt un piquet de gendarmes, l'arquebuse au poing. C'était un désordre affreux que les ténèbres de la nuit rendaient encore plus grand. Par intervalle, la voix lointaine et grave du canon venait dominer les cris et les blasphèmes des charretiers, les mugissements des taureaux, le bruit des chariots. Impossible d'exprimer tout ce qu'il y avait de lugubre pour nous dans ces rares et derniers coups de canon, qui retentissaient ainsi dans la nuit.

Nous cheminions avec peine à travers un dédale de chars et de voitures, d'hommes et de bêtes. En passant près d'un piquet de gendarmerie, nous fûmes témoin d'une scène pénible et touchante: dans une rencontre de voitures, le cheval d'un gendarme reçut un coup de brancard en plein poitrail; il s'affaissa aussitôt, tandis que son cavalier, démonté, se précipitait sur la pauvre bête en pleurant et en poussant des cris de douleur : « Mon pauvre ami, disait-il, comment vais-je maintenant tenir la campagne sans lui ! » En vain ses camarades cherchaient à le consoler de la perte de son cheval ; sa désolation restait très vive. L'attachement de l'homme pour l'animal qui lui donne ses services est la marque d'un bon cœur : c'est pourquoi cette scène me toucha. Dans un moment si triste, elle me rappelait malgré moi la célèbre élégie de Millevoye :

> Il est tombé le roi de la vitesse ;
> L'air des combats ne le réveille plus.

Les gendarmes qui étaient ainsi échelonnés sur la route étaient chargés de maintenir l'ordre dans les convois et d'arrêter les fuyards. Nous les entendions de loin en loin interpeller des soldats : « D'où venez-vous ? Où allez-vous ? Si vous ne rejoignez pas votre Corps, vous serez traduits devant la cour martiale. » Plusieurs fois déjà je leur avais entendu répéter cette formule. « Pourquoi ne l'emploierais-je pas moi-même, me dis-je, auprès des fuyards que je pourrai rencontrer! Ce sera un service rendu à eux-mêmes et au pays. » J'aborde donc par ces mots le premier soldat que je rencontre : « Où allez-vous? » — « A Orléans ». — « De quel droit? » Point de réponse. « Prenez garde à la cour martiale! » Mon homme ne se le fait pas dire deux fois; il rebrousse chemin et fait mine d'aller rejoindre ses camarades. Ceux qui furent témoins de cette petite aventure déclarèrent, et je compris avec eux, que j'aurais pu faire un bon gendarme.

Dimanche 4 décembre. — Selon toute probabilité, Orléans devait être repris à la fin de cette douloureuse journée.

Nous la commençâmes par la seule force et la seule vraie consolation qui soient en ce monde : la prière et les sacrements. Ne pouvant dire la messe, nous l'entendîmes et nous fîmes la sainte communion, à 6 heures du matin, à l'église de Saint-Paterne. Nous eûmes ensuite notre temps libre pour les nécessités du service.

Dès le point du jour, c'était dans Orléans un va-et-vient continuel. Comme nous étions à l'entrée du faubourg Bannier, par où la route de Paris pénètre dans la ville, nous vîmes défiler devant notre porte tous les convois de l'armée et des divers Corps qui se rendaient au-delà de la Loire. Je passai une partie de la matinée à organiser le service de la salle du rez-de-chaussée dont je me trouvais chargé, et l'autre partie à rentrer dans la cour de la maison du bois de chauffage que l'on venait de se procurer.

Vers midi, arrivent les mobiles du Puy-de-Dôme. A la hauteur de l'ambulance, ils sont arrêtés par un général, je ne sais lequel, qui les apostrophe énergiquement et les fait aussitôt retourner au combat.

Placés d'après ses ordres dans les tranchées du chemin de fer, aux abords d'Orléans, ils y restèrent et s'y battirent jusqu'au soir. C'est là que plusieurs furent blessés et un plus grand nombre faits prisonniers. Pour empêcher nos blessés de le devenir et leur conserver leur liberté, nous fîmes partir tous ceux qui étaient à même de marcher.

Le reste de la journée se passa dans l'anxiété la plus grande. Le canon grondait avec une violence extrême tout autour de la ville et chaque coup semblait se rapprocher davantage. Sur les 5 heures, au moment où la nuit allait commencer, je montai avec plusieurs de nos messieurs à la lanterne de la maison, d'où l'on dominait les alentours. Nous aperçûmes directement les lignes prussiennes qui environnaient Orléans de tous les côtés à la fois et qui l'enfermaient comme dans un demi-cercle de fer et de feu. Nous pouvions facilement compter les coups de canon dirigés contre nous; nous voyions l'éclair briller et peu après nous entendions le coup retentir. Nos pièces de marine répondaient au feu des Prussiens. C'était une tempête épouvantable : Prussiens et Français, l'attaque et la défense, faisaient un effort suprême ; mais nous comprîmes bien que, malgré ce dernier effort, nous étions perdus. L'armée aux abois allait être obligée de repasser la Loire, et Orléans, condamné à recevoir de nouveau l'ennemi dans ses murs, allait être livré à la merci de nos impitoyables vainqueurs. C'est alors que nous mesurâmes toute l'étendue du péril : la ville pouvait être pillée, saccagée, brûlée, et nous pouvions, nos blessés et nous, être enveloppés dans sa ruine. L'imagination, prompte à grossir toutes choses, nous représentait la situation sous des couleurs lugubres. Notre appréhension fut à son comble, lorsque nous entendîmes M. le curé de Saint-Paterne, un vieillard vénérable, nous dire: « Messieurs, cette nuit sera terrible ; donnez-moi quelques-uns de vos blessés : leur présence préservera peut-être ma personne et ma maison ».

Cependant la bataille durait toujours, malgré la nuit, et l'on nous apportait sans cesse de nouveaux blessés. Parmi eux se trouva un mobile de Riom, sergent de sa compagnie ; il avait eu le bras droit emporté par un boulet. Il est impossible de dire l'état affreux dans lequel il était et l'impression qu'il me fit éprouver. J'eus cependant la force de le manipuler en tous sens et d'aider à le panser ; mais, comme il y avait eu épanchement de sang à la poitrine, il ne vécut que quelques instants. Il put se confesser, et, à 10 heures, il était mort.

A 11 heures, ses camarades passèrent devant l'ambulance au pas de course. Ils battaient précipitamment en retraite. Ils étaient l'un des derniers Corps à se retirer. On n'entendait plus que quelques rares coups de canon aux abords de la ville; nous étions brisés de fatigue et d'émotion ; nous allâmes chercher à prendre quelque repos, sans qu'il fût besoin d'abord de faire notre préparation à la mort...

Lundi 5 décembre. — Nous étions tout étonnés, au lever du jour, du calme qui régnait dans la ville. C'est que, pendant la nuit, les Prussiens y étaient entrés : en arrivant à l'ambulance, nous vîmes une sentinelle allemande qui montait la garde devant le grand hôtel d'Orléans, où logeait le grand-duc de Mecklembourg.

La pensée de n'être plus libre me fit d'abord froid au cœur; mais ce sort me parut ensuite doux relativement à celui qui aurait pu nous être fait, et bien que l'isolement auquel j'étais condamné pour un temps indéfini me coûtât beaucoup, j'en pris mon parti. D'ailleurs, j'étais en compagnie de confrères et de compatriotes. Malgré tout, je m'inquiétais de l'inquiétude qu'occasionnerait à ma famille et à mes amis, après des événements aussi graves, l'absence de toutes nouvelles de ma part.

Ce n'était pourtant pas là toute ma peine : ce nouveau désastre de ma patrie m'accablait. Et plus grande encore fut ma douleur quand il fallut subir l'entrée triomphale des troupes ennemies. Elles défilèrent, musique en tête et en grande tenue, dans la rue Bannier. Chaque soldat portait à son casque une feuille de laurier. Un magnifique soleil levant éclairait leur victoire et notre défaite. Ce spectacle navrant dura toute la journée. Je n'en pus soutenir longtemps la vue; je m'enfermai dans ma salle et m'occupai de mes blessés, cherchant à me consoler avec eux des revers et des malheurs de la France.

Le soir, les soldats se répandirent dans la ville. Ils s'amusaient à prendre et à briser dédaigneusement les armes françaises abandonnées en grande quantité par nos troupes. Sur le carrefour, en face de notre maison, ils avaient réuni des paquets de cartouches, et ils y mettaient le feu en badinant. « Chassepot, chassepot! » disaient-ils entre eux d'un air de moquerie. Ces scènes étaient odieuses : on souffrirait plus volontiers les violences du vainqueur que son insolence et son mépris.

La nuit venue, nous fûmes consignés à l'ambulance. Je demeurai au milieu de mes blessés. Un seul lit était vacant dans ma salle, celui sur lequel était mort la veille le mobile de Riom. J'enlevai le matelas tout imprégné de sang, et me roulant dans ma couverture, je m'étendis sur les bandes de fer qui tenaient lieu de sangles. J'y dormis d'un bon sommeil. « C'était un plaisir de vous entendre dormir d'un si bon goût, sur un si bon lit », me dit au matin mon voisin, vieux nantais, artilleur rappelé qui m'avait pris en affection. C'est sur cette couche que je passai également les deux nuits suivantes, sans la trouver trop dure. Tant il est vrai que la nécessité rend non seulement ingénieux, mais encore accommodant !

Mardi 6 décembre. — Je ne voulais pas encore sortir ce jour-là. Je ne pouvais me faire à l'idée de rencontrer partout les Prussiens dans la ville. Je sortis cependant le soir pour des constatations de décès ; j'allai à la mairie et aux pompes funèbres. Nous ne pansions pas seulement les blessés; comme Tobie, nous ensevelissions les morts. Dans le trajet de l'ambulance aux pompes funèbres, qui est fort long, je vis sur le mail et dans les chemins une énorme quantité d'armes éparses, à demi brisées, gisant çà et là, sur le sol du boulevard et sur le pavé des rues.

Mercredi 7 décembre. — Le service du matin terminé, le désir me vient de laver les mains et le visage de mes blessés. Je me mets aussitôt en devoir de l'exécuter. J'avais un flacon d'eau de Cologne, qui me servait de désinfectant, et un savon très odorant et très doux. Je prends l'un et l'autre, une cuvette, un linge, et je commence ma *lessive*. Dieu sait si elle était de surérogation ! Quand mes pauvres enfants sentaient sur leur visage mon linge imbibé d'eau fraîche et imprégné d'eau de Cologne, ils soupiraient d'aise, et dans le bien-être qu'ils éprouvaient, ils se confondaient en remerciements et en témoignages de reconnaissance. Mais je coupais court à tout en les embrassant. Il fallait voir alors ces mâles visages s'émouvoir sous ce baiser fraternel ! Ce gage d'affection, qui leur rappelait de si près la famille, le baiser d'une mère ou d'une sœur, les trouvait on ne peut plus sensibles. Ils y répondaient par un sourire, un doux et aimable sourire, et quelquefois par des larmes de reconnaissance et d'amitié. Que le cœur de l'homme est bien toujours le même et qu'il est facile d'y pénétrer par la grande route de l'affection et de la charité ! Par cette petite attention j'avais gagné ces chers jeunes gens, et l'un d'eux me dit ces paroles, qui furent pour moi une récompense : « Nous savons maintenant, monsieur, que vous êtes prêtre ; mais ne l'aurions-nous pas su que nous l'aurions deviné... » J'ajoutai, à part moi : « Voilà des hommes qui font remonter à Dieu, vraie source de tout bien, le dévouement qu'on a pour eux ; ils ne seront pas ingrats : ceux qui survivront à leurs blessures se souviendront de ce que la religion nous inspire à leur égard, et ils ne seront pas tentés, comme tant d'autres, de la méconnaître et de la maudire ».

Cet espoir de prêcher ma religion par mes œuvres m'a constamment soutenu, et j'ai toujours goûté un bonheur souverain à faire bénir par les pauvres actes de ma vie la foi qui les inspire. Dieu m'est témoin que je n'ai jamais eu de plus chère ambition ni de plus grande joie que celle de concilier les cœurs à Jésus-Christ. C'est une des raisons qui m'ont fait entreprendre cette campagne, et j'ai eu la joie d'y atteindre quelquefois ce but.

Le soir, j'étais sous une impression de tristesse, qui ne me quittait guère depuis la reprise d'Orléans. Je sortis cependant pour aller voir M. Compte, ce jeune ecclésiastique qui avait contracté la petite vérole au service des varioleux. Il y avait huit jours qu'il était malade, et je ne l'avais vu qu'une fois. Mais nous étions si occupés ! Et puis il logeait fort loin, derrière la cathédrale, chez un vicaire général, M. Desnoyers.

Dans le parcours, je ne vis que des choses tristes, bien faites pour m'assombrir davantage encore. La place du Martroi était encombrée de troupes et de munitions ennemies. Tout autour de la fière statue de Jeanne d'Arc étaient entassés des soldats allemands qui la regardaient d'un air hébété... En passant, je fus frappé d'une circonstance, demeurée sans doute inaperçue, mais qui me parut, à moi, bien significative. Près de la statue, sur deux couronnes d'immortelles flétries, on voyait le tronçon d'un sabre-baïonnette. Y avait-il été jeté au hasard ? Y avait-il été placé à dessein ?

Hasard ou dessein, ce glaive me parut celui de la France, glaive émoussé et jeté en défi à sa libératrice. O noble cœur de Jeanne d'Arc, si l'on pouvait souffrir dans la gloire des saints dont tu jouis, quelle peine serait la tienne de voir ainsi la France humiliée, et ta douce et forte image souillée elle-même par les regards et la présence de l'étranger! Qui nous délivrera? Hélas, faudra-t-il répondre avec le poète :

> Dieu même, paraît-il, s'est retiré de nous.
> De l'honneur des Français autrefois si jaloux,
> Il voit sans intérêt leur grandeur terrassée,
> Et sa miséricorde à la fin s'est lassée.

A la cathédrale, un spectacle non moins triste m'était réservé. Sa vaste enceinte était devenue provisoirement le lieu de détention de nos prisonniers de guerre. Elle en renfermait deux ou trois mille. A chaque issue des sentinelles prussiennes montaient la garde. Les grandes grilles étaient fermées, et à travers ces grilles les habitants d'Orléans venaient à tour de rôle porter à manger à nos malheureux compatriotes. Dans l'intérieur, le pavé était couvert d'immondices, et des feux de bivouac, allumés auprès de chaque pilier avec les chaises et les bancs, répandaient dans tout l'édifice une épaisse fumée.

Le jour était aussi triste que les circonstances : une forte brume de décembre obscurcissait l'atmosphère et venait donner à tout ce que je voyais une teinte plus lugubre encore. C'est sous ces impressions que j'allai voir mon jeune confrère ; notre conversation fut longue et sérieuse ; elle se ressentit des leçons et de la gravité de l'heure présente.

Jeudi 8 décembre. Immaculée Conception. — Voilà un jour attendu avec impatience et salué avec espoir.

Nous avions lu dans un journal un prétendu supplément à la célèbre prophétie de Blois, où le jour de l'Immaculée Conception était donné comme le jour de la délivrance de la France et de l'accomplissement d'un prodige inouï. On se raccroche à tout dans l'adversité : nous nous étions raccrochés à cet espoir, qui ne tarda pas à se changer en déception. Pour comble de malheur, nous n'avons pu ni dire ni même entendre la sainte Messe. En somme, le 8 décembre, loin d'être pour nous un jour heureux, a été un fort mauvais jour.

Vendredi 9 *décembre*. — Voici quel a été à peu près régulièrement notre service de chaque jour : la visite et les pansements ont lieu à 8 heures. Ils durent quelquefois jusqu'à onze heures. Après les avoir achevés, nous nettoyons les salles et nous faisons la distribution du déjeuner des blessés; ensuite nous déjeunons nous-mêmes. Depuis l'occupation prussienne, nous prenons nos repas avec les médecins dans une petite chambre de garçon d'écurie, près du grenier à foin de la maison. Nous sommes une vingtaine autour d'une table qui pourrait bien, à la rigueur, recevoir dix personnes. La cuisine et la propreté sont à l'avenant.

Dans la soirée, je suis allé voir au grand séminaire M. Leclercq, qui fut mon directeur à Saint-Sulpice. Il m'a assuré que cette campagne attirerait sur mon ministère futur d'abondantes grâces. Ces paroles et cette espérance m'ont fait du bien.

En rentrant, j'ai fait, comme de coutume, la distribution du dîner aux blessés.

Samedi 10 *décembre, Translation de la maison de Lorette.* — Ce jour devait être consacré à faire la translation des blessés des derniers combats de la Loire.

Sur l'ordre du commandant prussien, le chirurgien en chef envoya un docteur, un aide et un infirmier à Meung chercher des blessés français et prussiens. Le docteur désigné fut M. Pireyre et je fus l'infirmier.

En se retirant, l'armée de la Loire, sous le commandement de Chanzy, avait fait plusieurs retours offensifs qui avaient été de vraies batailles. Les plus fameuses de ces journées étaient celles du 7 à Meung, du 8 à Beaugency, du 9 et du 10 à Marchenoir. Nous allions chercher les hommes blessés dans la journée du 7.

Nous arrivons vers midi et nous allons directement au château. Il avait été un des théâtres de la lutte et il était maintenant le quartier général du duc de Mecklembourg. En même temps et plus que jamais il était une ambulance. Outre les blessés que nous y avions laissés, une foule d'autres y avaient été transportés depuis les derniers engagements. Toutes les salles du rez-de-chaussée en étaient remplies. Étendus pêle-mêle sur un peu de paille, la plupart de ces malheureux n'avaient pas été pansés encore. Chacun d'eux nous appelait à lui. Nous avions la douleur de ne pouvoir répondre à leurs supplications : le temps manquait ; il fallait repartir en toute hâte. Nous vîmes là des choses affreuses, entre autres un Prussien et un Français dont un éclat d'obus avait emporté la figure. C'était horrible. La chapelle où j'avais le bonheur de dire la sainte Messe tous les jours pendant le temps que nous avions passé à Meung était, elle aussi, jonchée de blessés. Les Prussiens en avaient emporté le calice et les ornements sacrés ; ils n'avaient pas emporté la statue de sainte Thérèse. C'était bien le lieu de répéter avec cette extatique : « ou souffrir ou mourir ». La vue de cette chapelle ainsi pillée et transformée me faisait éprouver une indéfinissable émotion. Et puis je me rappelais que j'y disais chaque jour la sainte Messe, ce que je ne pouvais plus faire à Orléans.

En sortant de la chapelle pour monter à nos anciennes salles, j'entrai dans une sorte de serre. Sur le seuil j'aperçus un certain nombre d'uniformes militaires parfaitement alignés et étendus sur le sol nu. Je crus d'abord que c'étaient des blessés qu'on avait laissés là provisoirement. Je m'approche : ce n'étaient pas des blessés, c'étaient des morts. Il y en avait 13, les uns français, les autres prussiens. Quelques-uns avaient été amputés. Je dis sur ces jeunes morts un *Requiem*, et je montai, ému et un peu hors de moi, à l'étage supérieur.

Là je retrouvai toutes mes anciennes connaissances, et les blessés, et les propriétaires du château, et les religieuses, et les dames de la ville, et M. Pierre, et M. Isidore, et aussi

M. le curé de Meung, que les Prussiens avaient fait prisonnier et emmené à Orléans, et qui venait seulement d'être délivré.

Pendant ce temps, le docteur Pireyre était allé jusqu'à Baulle, avec l'une de nos voitures, à la recherche d'autres blessés. Il en ramena 6, et nous leur en adjoignîmes 4, dont un officier prussien et un soldat de Beauregard-l'Évêque, Mondon, chasseur à pied de la classe 70.

Il y avait à Meung d'autres ambulances que celle du château. Nous en visitâmes quelques-unes, entre autres celle de la salle de bal. J'y trouvai un mobile de l'Isère, auquel on avait coupé la jambe droite le matin même. Il était couché sur un peu de paille. Je m'approchai de lui, lui offris ma gourde et lui demandai s'il avait vu un prêtre...

Nous repartîmes à 5 heures, emmenant nos deux voitures pleines de blessés et les suivant à pied. La distance de Meung à Orléans est de 18 kilomètres. Comme nous ne marchions qu'au pas, nous arrivâmes à une heure avancée. En chemin, je causai longuement avec un vieux médecin irlandais, qui nous avait accompagnés, le Père Léonard, bon catholique et ami de l'évêque d'Orléans.

Nous trouvâmes des détachements prussiens tout le long de la route. En traversant l'un de ces détachements, nous entendîmes cette raillerie de mauvais goût à propos de nos blessés : « Voyez-les, ces petits vranzais ; ils vont à Paris » ! L'inspecteur des ambulances prussiennes que nous rencontrâmes à cheval fut plus poli : il nous apprit que l'on s'était battu et bien battu dans la journée, du côté de Marchenoir.

Dimanche 11 décembre. — Le service fini, nous allons entendre la messe de midi à l'église St-Paterne.

C'était une des dernières messes qui devaient se célébrer dans cette église, qui devint, à la place de la cathédrale, le lieu de détention provisoire des prisonniers français.

Lundi 12 décembre. — Temps humide et brumeux. Il pleut une partie de la journée. Le soir M. Ossedat me conduit à la cure de

St-Aignan, dont nous avons connu le titulaire au Mont-Dore. Nous y avons trouvé un officier bavarois, qui y avait son logement. Nous causons longuement avec lui en latin. Il nous donne quelques nouvelles des dernières opérations militaires, qui laissent supposer de grandes pertes du côté des Prussiens... Mais le succès final ne lui paraît pas douteux et l'unité allemande est son idée.

Mardi 13 décembre, 32e anniversaire de ma naissance. — Depuis la veille au soir je m'étais senti fatigué; j'avais fait néanmoins la veille auprès de nos blessés pendant cette nuit. Dans l'après-midi ma fatigue augmente. Sur les 3 heures, je vais au grand séminaire et je me confesse à M. Leclercq: j'espérais célébrer la sainte Messe le lendemain, anniversaire de mon baptême, et le surlendemain, octave de l'Immaculée Conception. Je ne dînai point et me couchai de bonne heure : j'avais une fièvre intense.

Mercredi 14 décembre. — Les médecins déclarent que j'ai une angine et que je devrai garder le lit et la diète pendant une huitaine de jours.

Je me résigne à ce repos forcé.

Jeudi 15, vendredi 16, samedi 17 décembre. — Mon mal ne fait qu'augmenter, mais pas assez pour m'empêcher de réfléchir.

Je suis seul tout le long du jour. Loin de me peser, cette solitude m'est agréable et douce. J'éprouve une grande joie à en passer les longues heures avec Dieu. C'est à lui que je parle toujours : je lui parle de tout, de moi, des miens, de la France, de l'Église, et je ne me lasse pas de lui parler, même quand il semble que je n'ai rien à lui dire ou que je n'ai à lui dire que des riens. Il y a dans mon âme je ne sais quelle joie triste, je ne sais quelle tristesse joyeuse qui me fait trouver quelque plaisir dans tout ce qui est peine, quelque peine cachée dans tout ce qui paraît plaisir. Je ne goûte, en somme, que Dieu. Sa volonté sainte, si dure qu'elle me semble parfois en apparence, s'impose à moi comme la seule chose aimable et possible. Je n'ai qu'un chagrin réel, celui de ne pouvoir célébrer la sainte Messe, et je me plains à N. S. de ne communier pour le moment qu'à son calice de Gethsémani et point du tout à celui du Cénacle. Cette privation m'afflige vivement et m'arrache des larmes involontaires que la présence d'un de mes confrères ne peut pas empêcher de couler.

Dimanche 18 *Décembre.* — Je vais un peu mieux : j'ai pu reprendre la récitation du bréviaire, mais non pas entendre la sainte Messe.

Mardi 20 *Décembre.* — Je puis aller jusqu'à l'ambulance, qu'on s'occupe d'évacuer, les médecins voulant partir prochainement. Je revois mes pauvres blessés qui m'accueillent par des paroles de sympathie et d'affection. Je leur serre chaudement la main à tous, surtout à un artilleur d'Issoire, nommé Pécoil, atteint à la cuisse et au bras par des éclats d'obus, et dont le bon esprit et la résignation m'avaient édifié.

C'est la dernière fois que je les vis.

Mercredi 21 *Décembre.* — Je dis ma

messe à la chapelle des Pères de Marie, de la Congrégation du bienheureux Grignon de Montfort, rue de la Limace. C'était la fête de S. Thomas et le 8ᵉ anniversaire de ma première messe. Comme il y avait 21 jours que j'étais privé du bonheur de la dire, cette messe fut pour moi comme une seconde première messe.

Le soir, les Prussiens me délogèrent de la petite chambre où j'étais venu m'enfermer aussitôt après ma messe. Un détachement cherchait à se loger dans cette rue, et cette pièce, située au rez-de-chaussée, fut à la convenance des soldats. On leur dit qu'elle est occupée ; ils veulent néanmoins la voir ; je leur fais aussi mauvaise grâce que possible, mais ils ne se découragent pas et vont chercher leur officier. Je fais valoir avec énergie mes objections, disant que je suis membre d'une ambulance, que je relève de maladie, que je n'ai pas d'autre asile. Ces raisons ne le touchent pas et il se contente de répondre : « Il y a place ici pour quatre hommes ». Il fait signe à quatre de ses hommes d'entrer; ils entrent sans plus de façon et me voilà en bonne compagnie ! Je sors immédiatement, non sans protester contre cette violation de mon domicile ; peine perdue ! Ils étaient dedans, et j'étais dehors... Heureusement, un voisin charitable, qui vit ma détresse, me recueillit dans sa maison et me donna une chambre au troisième ; c'est là que je pus passer la nuit.

Le soir, à 6 heures, M. le supérieur nous conduisit à l'évêché pour nous présenter à l'évêque d'Orléans. Monseigneur nous reçut fort bien et nous donna le conseil de ne pas partir par la Lorraine, l'Alsace et la Suisse, comme nos médecins, qui y étaient obligés par le sauf-conduit prussien qu'ils avaient obtenu.

Jeudi 22 Décembre. — Les médecins, qui d'abord devaient partir aujourd'hui, sont contraints par suite de notre scission de différer leur départ jusqu'à demain.

Le soir, à 6 heures, nous retournons à l'évêché pour dire à Monseigneur que, d'après ses avis, nous sommes restés. Il est pour nous d'une grande bonté et s'inquiète de savoir si nous avons un logement et de l'argent.

Vendredi 23, *samedi* 24 *Décembre.* — Il fait un froid très vif.

Les Bavarois quittent Orléans. On dit qu'ils rentrent chez eux. Ils célèbrent leur nuit de Noël d'avance, avant de partir. Ils organisent l'arbre de Noël, qu'ils placent chargé d'ornements et de friandises au milieu de la table. Leur joie nous fait mal au cœur.

Hélas, cette fête de Noël, ordinairement si belle et si sereine, s'annonçait bien triste et bien sombre pour nous cette année. Nous allions la passer loin de notre pays, dont nous n'avions plus aucune nouvelle depuis un mois. J'avais pu écrire à ma famille par une occasion particulière dès les premiers jours de l'occupation, mais je n'avais pu en recevoir aucune réponse, et non seulement nous n'avions aucune nouvelle de nos familles et de nos amis, mais encore nous n'en avions aucune de la France, de Paris, de l'armée de la Loire... Cet isolement complet, cette séquestration absolue étaient parfois bien pénibles, et les pressentiments les plus sombres, les plus sinistres hypothèses venaient malgré nous remplacer dans notre imagination les nouvelles qui nous manquaient.

Dimanche 25 *Décembre. Noël.* — L'abbé Ossedat et moi, allâmes célébrer nos trois messes à la chapelle de la rue de la Limace. Nous nous les servîmes mutuellement. Nous y cûmes grand froid.

Après nos messes, nous allâmes chez le commandant de place demander un sauf-conduit direct pour Clermont. « Impossible, impossible », telle fut l'unique parole que nous pûmes lui arracher.

En désespoir de cause, nous allâmes trouver à l'autre extrémité de la ville, au faubourg Bourgogne, un directeur des postes de Hesse-Darmstadt, que nous avions rencontré à l'hôtel, à qui j'avais même parlé assez vivement au sujet de la guerre et qui ne m'en avait voulu que du bien. Il avait été si peu froissé de ma fierté française qu'il m'avait offert ses services.

Il s'intéressa à notre demande et nous dit qu'il nous donnerait une réponse le lendemain.

De là nous allâmes au salut de la cathédrale. L'évêque officiait. Le pourtour du chœur était rempli de soldats prussiens qui regardaient avec curiosité l'évêque sur son trône et les cérémonies catholiques. Il était dur de voir ainsi nos ennemis jusque dans nos temples...

Lundi 26 Décembre. S. Étienne. — La réponse de notre Directeur des postes n'ayant pas été plus favorable que celle du commandant de place, nous prîmes le parti de nous mettre en route sans autre sauf-conduit que celui que voudrait bien nous donner la Providence, lequel, en somme, valait bien celui qu'auraient pu nous délivrer les Prussiens.

Notre départ fut fixé au lendemain et notre itinéraire tracé d'avance.

Le soir, nous allâmes prendre congé de Monseigneur en lui annonçant notre résolution de partir sans sauf-conduit. Monseigneur ne nous détourna pas de notre résolution ; il nous y encouragea au contraire et nous offrit de nous donner une recommandation écrite pour les curés de son diocèse dont nous traverserions les paroisses. Nous priâmes Sa Grandeur d'apostiller simplement nos *celebret*. Elle s'y prêta bien volontiers.

J'allai les chercher et les lui présentai aussitôt. Pendant qu'il les signait, je causai avec ses deux vicaires généraux, MM. Bougaud et Lagrange, qui me parlèrent de Mme de Marcey. Je fus heureux de connaître ainsi les auteurs des belles Vies de sainte Chantal et de sainte Paule, si bien placés l'un et l'autre auprès de l'évêque d'Orléans, et dont la valeur bien connue et le prestige semblaient relever encore son propre mérite et accroître son autorité.

Nos *celebret* étant visés et parfaitement en règle, je remerciai une dernière fois Monseigneur de ses bontés pour nous, ajoutant que ce serait toujours un des souvenirs les plus précieux de ma vie que de l'avoir vu de si près.

CHAPITRE VI

FUITE A TRAVERS LES LIGNES PRUSSIENNES. — VOYAGE D'ORLÉANS A CLERMONT.

Mardi 27 décembre. S. Jean l'Évangéliste. — A 5 heures nous étions debout. J'allai à la chapelle des Pères de Marie dans l'espoir d'y dire la sainte Messe ; mais n'en ayant pas le temps, je l'entendis et fis la sainte communion. Avant d'entreprendre ce long et difficile voyage, je fus heureux de me reposer un moment sur le cœur de Jésus avec le disciple bien aimé. J'eus cependant un moment d'inquiétude, parce que la veille et l'avant-veille j'avais eu avec M. le Supérieur quelques discussions qui avaient bien pu altérer la charité ; du moins je le craignis un moment, mais je me rassurai vite en pensant qu'il n'y avait rien eu, en somme, de bien digne d'attention.

Muni du meilleur des viatiques, je me mis en route avec M. Ossedat. M. Pommeyrol était parti la veille par une route différente et M. Fouilhoux, ce même jour, mais seul et avant nous. M. le Supérieur et les séminaristes devaient nous suivre de près.

Il était environ 7 heures et le jour commençait à peine à poindre lorsque nous nous mîmes en marche. Nous suivîmes la rue Bannier, nous traversâmes la place du Martroi, non sans envoyer un dernier adieu à Jeanne d'Arc, et de là nous nous dirigeâmes par la rue Royale vers le pont de la Loire. Les sentinelles prussiennes qui le gardaient nous laissèrent passer sans mot dire. Après avoir passé le pont, nous prîmes à gauche la route de Jargeau. Nous trouvâmes quelques escouades de soldats prussiens du génie qui allaient au travail la pioche et la pelle sur l'épaule et en chantant ; ils ne nous dirent rien, et nous continuâmes notre route jusqu'à Sandillon, à dix kilomètres d'Orléans, sans être inquiétés davantage.

A Sandillon, nous allâmes frapper à la porte du presbytère. M. le curé avait chez lui deux officiers prussiens, ce qui ne l'empêcha pas de nous recevoir, de nous donner à déjeuner, et de nous fournir les renseignements nécessaires. Les sentinelles de l'entrée et de la sortie de Sandillon ne se montrèrent pas plus vigilantes que toutes celles que nous avions déjà rencontrées. C'étaient les dernières ; nous ne devions pas en trouver d'autres. Depuis lors je n'ai plus revu de Prussiens sous les armes et je n'ai pas demandé à en revoir.

A Jargeau, nous étions complètement en dehors des lignes prussiennes. A la cure, nous reçûmes d'autres renseignements sur notre itinéraire et nous poursuivîmes notre route en suivant toujours la Loire. Nous allâmes de Jargeau à Siglay, de Siglay à Ouvrouer, où nous atteignîmes l'abbé Fouilhoux, d'Ouvrouer à Guilly. Il était alors 4 heures du soir; nous marchions depuis 7 heures du matin, et nous étions presque à jeun. Heureusement nous trouvâmes là, dans une pauvre auberge de village, d'abord de quoi apaiser notre faim, et ensuite une voiture, qui nous conduisit à Sully, où nous nous étions proposés d'aller coucher. Nous y arrivâmes, en effet, sur les 6 heures du soir. Nous fûmes parfaitement bien traités à l'hôtel Aubigny: bonne table, bon lit, et pas de Prussiens. Nous pûmes nous reposer des fatigues de la journée, qui avait été un peu rude: nous avions fait 44 kilomètres à pied et pour ainsi dire à jeun.

Mercredi 28. *SS. Innocents.* — Nous repartîmes de Sully avant le jour, mais cette fois en voiture. Nous allâmes ainsi jusqu'à Gien. Le pont de Gien était coupé. Nous vîmes les champs où avait campé naguère l'armée de Bourbaki. Là nous prîmes une autre voiture pour aller jusqu'à Châtillon. C'était une sorte de tombereau attelé d'un cheval de boueur, et que nous fûmes obligés de renvoyer à moitié chemin ; nous achevâmes la route à pied. A Châtillon, ne trouvant aucun véhicule pour nous conduire plus loin, nous nous présentâmes au maire, qui assistait à une réunion du conseil municipal. Nous comparaissons devant l'assemblée communale, et nous prions M. le Maire de nous procurer un cheval et une voiture. On s'intéresse naturellement à des « échappés d'Orléans » ; on nous interroge et enfin on nous fait trouver ce que nous demandions.

A 4 heures, nous étions à Léré (Cher). De Léré à Sancerre, nous fumes conduits par un marchand de vin qui nous mena constamment au trot de son cheval. A 7 heures, nous étions à St-Thibaud, faubourg et port de Sancerre sur la Loire. Là, nous couchâmes chez le frère de notre conducteur, aubergiste et marinier de profession. Nous avions fait dans cette seconde journée près de 70 kilomètres. Les bords de la Loire, à partir de Gien et plus encore de Châtillon, nous avaient paru très pittoresques. La dernière partie de la route, de Léré à Sancerre, le long du canal latéral, doit aussi être très belle en été.

Jeudi 29 *décembre*. — Un omnibus à un cheval se chargea de nous conduire de St-Thibaud à la Charité, et de là à Nevers, s'il le fallait. La veille, nous avions souffert beaucoup du froid dans nos voitures découvertes ; nous étions bien aises de nous trouver à l'abri dans notre omnibus ; mais nous ne pûmes rien voir de Sancerre à la Charité. De la Charité à Nevers, nous ne vîmes que trop : car, notre cheval étant fatigué, nous fumes obligés de faire à pied une partie du chemin, surtout après avoir passé Pougues-les-eaux. Nous arrivâmes à Nevers avant la nuit. Nous allâmes directement à la gare, où l'on nous fit espérer, bien que les communications fussent interrompues, un train pour le lendemain.

Vendredi 30 *décembre*. — Le train ne partit qu'à 4 heures du soir.

C'est à Nevers que nous apprîmes le fameux mouvement de Bourbaki dans l'Est.

Nous obtînmes non sans peine nos billets

pour Clermont, grâce à l'extrême obligeance de M. le comte Melchior de Vogüé, inspecteur des ambulances pour la région du centre.

A Gannat, nous retrouvâmes l'abbé Pommeyrol, et à 2 heures du matin, nous arrivions tous ensemble à Clermont.

CHAPITRE VII

NOUVEAU DÉPART

12 janvier 71. — J'ai passé dans ma famille quelques jours partagés entre la joie de revoir mes parents, de vivre avec eux, et la pensée que tant d'autres souffrent encore loin des leurs, dans le froid, la neige et les maladies. Et puis, l'incertitude est grande: repartirons-nous? resterons-nous? Cela tempère singulièrement le bonheur que j'eussé éprouvé en d'autres circonstances à me retrouver avec les miens, et je ne puis pourtant rien leur dire. Mais, bien que ma joie soit loin d'être sans mélange, elle est assez grande pour se faire jour, et donner le change à ma pauvre mère, ce que je désire par dessus tout.

Sur ces entrefaites, une lettre de l'abbé Fouilhoux vient m'annoncer le retour des médecins et la probabilité d'un second départ. Mais, comme ce projet souffre encore plus d'une difficulté indépendante de ma volonté, je suis tenté de m'accrocher, dans ma lâcheté, à tout ce qui me fournit quelque sujet d'espérer que l'on ne repartira point. Je quitte néanmoins St-Amant, pour concerter, avec mes confrères, les conditions d'un nouveau départ. Je ne dis rien à ma mère de cette éventualité. A quoi bon la contrister d'avance et inutilement?

13-23 *janvier*. — Dix jours passés en allées et venues, en pourparlers avec mes confrères, les membres et le président du Comité!... Il est décidé que nous allons repartir.

Dans la matinée du dimanche, le Président m'envoie chercher et me charge de la direction des infirmiers, en ajoutant que j'aurai voix délibérative au conseil des chirurgiens. Il affirme qu'il fait de mon acceptation une question de vie ou de mort pour l'ambulance.

Dans la soirée de ce même jour, nous nous sommes réunis avec les séminaristes et les médecins présents à Clermont pour aller faire une visite aux différentes autorités, à commencer par le général. Le Président nous conduisait.

Arrivés chez le général de la Moletière, logé alors à l'hôtel Mulet, nous lui fûmes présentés en corps. Il nous reçut avec une politesse toute militaire et toute chevaleresque. « Messieurs, je vous vois partir avec
« bonheur pour l'armée de l'Est où j'ai deux
« de mes fils. Je sais les services que vous
« rendez. Nous étions heureux à Reischoffen
« et à Sedan de rencontrer les membres de
« vos ambulances ; mais, messieurs, nous
« étions particulièrement contents lorsque,
« sur le champ de bataille, nous venions à
« rencontrer cet habit-là ». Et ce disant, il désignait l'aumônier auquel il serrait cordialement la main. Le général était visiblement ému. Nous le saluâmes avec respect. Je n'oublierai jamais, pour ma part, cet homme de cœur, ni

la belle parole qu'il a prononcée à notre sujet.

Quand je fus rentré à la Mission, la tristesse m'envahit, au souvenir de mes parents, de mes amis, de toutes ces âmes que je connais, que j'aime, pour lesquelles je vis. Ames si chères, que je porte toutes si avant dans mon cœur, qui êtes, pour ainsi dire, le fond même et comme la moelle de la mienne, il va donc falloir vous quitter de nouveau ! Père, mère, sœurs, filles, il faut tout abandonner, comme le demande le divin Maître ! Il est vrai, il a promis de tout rendre au centuple même en ce monde. D'ailleurs, je conserve l'espoir d'un retour certain, et cet espoir diminue considérablement l'amertume de mon sacrifice, en diminuant en proportion l'étendue de mon mérite. Mais aussi, qui m'assure que je reviendrai ? Qui me dit que cette campagne sera aussi heureuse que la première, et qu'après avoir déjà échappé une fois, j'échapperai encore une seconde ? Et puis cette deuxième campagne ne peut-elle pas être plus longue, plus périlleuse ? Lors de notre premier départ, l'illusion nous aidait, aujourd'hui l'illusion est tombée ; il ne nous reste que la triste réalité de l'expérience que nous avons faite.

Toutes ces réflexions ébranlèrent mon courage ; mais, d'un autre côté, je voyais le bien à faire, cette armée en détresse qui nous attendait, ces malheureux jeunes gens qui allaient mourir sans aucun secours pour leur corps et pour leur âme ; je voyais l'existence même de l'ambulance compromise si je ne repartais pas, puisque, à tort ou à raison, on la faisait plus ou moins dépendre de moi. Tout cela me jetait dans une lutte pénible qui semblait augmenter d'heure en heure. Je me couchai tard, j'écrivis à mes parents et à mes amis, et le lendemain j'étais prêt à partir.

CHAPITRE VIII

ARRÊT FORCÉ A LYON

23 *janvier, lundi*. — Notre départ devait avoir lieu à midi pour Lyon.

Je consacrai ma matinée à quelques achats. Je repris tristement mon costume laïque. A mon retour d'Orléans, j'avais retrouvé ma soutane avec tant de bonheur ! Il fallait la quitter de nouveau. C'étaient tous les mêmes sacrifices à refaire, ce qui les rendait peut-être plus pénibles. Je partis pour la gare et montai en vagon, mais non sans un serrement de cœur tellement fort que je le pris, sur le moment, pour un pressentiment sinistre, ce qui redoubla ma peine. En route nous récitâmes l'*Itinéraire*. Cette prière, toujours si belle, me parut plus belle encore dans les circonstances où nous étions et dans les dispositions où je me trouvais.

Nous arrivâmes à Lyon à onze heures. Nous devions y séjourner six jours, du mardi 24 au dimanche 29 janvier.

Le mardi 24, je ne pus dire la sainte Messe : nous avions été obligés de prendre notre repas de la veille après minuit. Le mercredi 25, Conversion de S. Paul, j'allai la dire à N.-D. de Fourvières. Tous les autres jours de notre passage à Lyon, je l'ai dite à St-Martin d'Ainay, sauf le jeudi 26, où j'allai la célébrer à la maison Ste Catherine de Sienne, rue de l'Oratoire St-Clair.

Ce temps de notre séjour à Lyon se passa sans incident extraordinaire. Nous apprîmes là, d'une manière positive, que les communications étaient interceptées entre Bourg et Besançon et qu'il nous était complètement impossible de nous rendre dans cette dernière ville. C'est ce qui retarda notre départ de Lyon. Nous ne savions de quel côté nous diriger. Nous venions d'apprendre, par les journaux, le massacre de toute une ambulance internationale par les troupes prussiennes à Hauteville, près de Dijon. Ce fait, qui paraissait certain, n'était rien moins que rassurant. Il avait indigné et surexcité la populace lyonnaise au plus haut point. Dans cet intervalle, des prisonniers prussiens furent amenés ; ils faisaient partie des ambulances prussiennes : car ils portaient le brassard. On s'imagina qu'ils étaient les meurtriers de l'ambulance française, et la foule s'accumula sur leur passage, en proférant des cris de vengeance et de mort. « A l'eau! au Rhône! » criait-on de toutes parts. Les femmes de la rue allaient même jusqu'au milieu des gardes nationaux qui les conduisaient pour leur tirer la barbe et les frapper au visage. C'était un spectacle navrant. Nous fûmes témoins de cette scène odieuse sur Bellecour. Je voulus en témoigner toute ma peine à un Monsieur de Lyon qui m'avait accosté sans me connaître, pour me demander si, en ma qualité d'ambulancier, je n'aurais pas quelque nouvelle de ses deux fils, attachés l'un et l'autre à la deuxième ambulance lyonnaise. « Tenez, Monsieur, lui dis-je, voilà qui me paraît bien indigne d'un grand peuple. » — « Vous avez bien raison, me répondit-il, c'est indigne et insensé ». On l'entendit, et ce mot faillit nous coûter cher. Quelques hommes de la foule quittèrent les prisonniers prussiens pour venir droit à nous nous demander compte de nos paroles. Mon interlocuteur, qui était lyonnais, répliqua dignement et avec fermeté. « Laissez-les faire, me dit-il, je les connais ». Ils s'éloignèrent, en effet, en grommelant qu'il faudrait fusiller tous les porteurs de brassard, qui étaient tous, d'après eux, plus ou moins prussiens.

Voilà les hommes qui font la loi en temps de trouble et de révolution. Ils n'ont au fond du cœur que des instincts et des passions ; et, s'ils parviennent à s'emparer du pouvoir, ils gouvernent avec leurs instincts et leurs passions en guise de raison. Temps malheureux entre tous que ceux où les bas-fonds de la société montent ainsi à la surface, car alors il n'y a plus pour personne ni sécurité, ni liberté. Nous l'éprouvâmes encore en allant à la Croix-Rousse, où nous attiraient notre curiosité et la réputation d'ailleurs bien justifiée de ce quartier de la ville, théâtre d'un crime récent et célèbre, l'assassinat du commandant Arnaud. Nous désirions connaître la salle Valentino où ce malheureux avait subi un simulacre de jugement. Nous étions surtout curieux de voir la physionomie et l'allure des habitants de ce quartier, si connus dans la France entière pour leur amour du désordre et des révolutions. Par les temps où nous vivons, il est bon, une fois ou l'autre, d'avoir vu de près cette race d'hommes; on ne sait pas toujours à qui l'on peut avoir affaire, et nous n'étions pas fâchés de nous trouver, au moins une fois en passant, en face de gens pareils. Nous nous attendions à quelque aventure; mais je ne dirai pas que nous le redoutions, je dirai plutôt, au contraire, que nous le recherchions. Nous fûmes servis à souhait. Nous partîmes trois. A peine arrivés sur la plate-forme de la

Croix-Rousse, nous exhibâmes notre plan de Lyon pour nous orienter. Aussitôt on crut que nous étions des espions. Quelques paroles échangées et quelques renseignements demandés à des passants achevèrent de convaincre ces braves gens, à la mine plus ou moins défiante et sinistre. Nous nous dirigeâmes du côté de la nouvelle église St-Bernard, que nous aperçûmes à l'autre extrémité de la grande place ; mais, au moment où nous nous disposions à en franchir le seuil, voilà qu'un sergent de la garde nationale, suivi de quelques hommes, nous arrête et nous demande nos papiers. Un attroupement se forme aussitôt autour de nous. Nous dûmes nous exécuter et montrer nos cartes de l'Internationale. Nous le fîmes de très bonne grâce, en souriant aimablement de la vigilance du sergent et en le félicitant même de son zèle. Le pauvre homme savait à peine lire ; il tremblait de tous ses membres et commença à balbutier quelques excuses. Il était le chef du poste voisin ; on lui avait déjà signalé notre présence comme suspecte, et dans un moment comme celui où nous sommes, disait-il, on ne saurait trop prendre de précautions. Nous abrégeâmes ses excuses. De son côté, se piquant de courtoisie, il voulut mettre fin à notre situation un peu fausse, en ordonnant au rassemblement formé autour de nous de se dissiper. Nous lui serrâmes la main, tout fut dit, et nous nous quittâmes bons amis.

Le lendemain, 27 janvier, nous fîmes une visite non moins intéressante, mais dans un autre genre, au cimetière de Loyasse. Je remarquai là ce que je n'avais vu nulle part ailleurs, un espace de terrain réservé aux sépultures du clergé de Lyon. Ce champ de repos du sacerdoce me frappa vivement. Il se compose de je ne sais combien de tombeaux, une centaine peut-être, à peu près identiques et symétriquement rangés sur plusieurs lignes. Une simple pierre, modeste comme la vie du prêtre, recouvre chacune de ces dépouilles, et sur la pierre une inscription souvent plus modeste encore, « un tel, prêtre, » et les dates.

Mais dans cette modestie, que de grandeur ! Et quelle heureuse et touchante idée de réunir ainsi en un même coin du cimetière les restes mortels de ceux qui furent le conseil et l'exemple des peuples ! Cette distinction qui honore leur mémoire consacre aussi les mérites et les enseignements de leur vie. Pour moi, prêtre comme eux, je n'ai pas vu sans attendrissement la place où ils reposent, réunis dans la mort comme ils le furent dans le sanctuaire. Le même sacerdoce les éleva, le même coin de terre renferme aujourd'hui leurs restes. Pourquoi n'a-t-on pas eu, chez nous, la même attention ?

Parmi toutes les tombes de prêtres, je trouvai celle d'un de mes anciens condisciples et amis, l'abbé Marius Tixier, capucin, en religion, Marie-Augustin. Il repose près de M. Vincent, prêtre de Saint-Sulpice, ancien directeur du séminaire de Montferrand.

Je récitai un *De profundis* pour eux et pour tous les prêtres inhumés là, et nous repartîmes en passant par Fourvières. Nous redescendîmes à Lyon par la montée des Anges et celle des Carmes.

Le couvent des Carmes, près duquel nous passâmes, a été transformé en caserne, comme presque tous les établissements religieux de Lyon (Jésuites, grand Séminaire, etc.). Ces messieurs les communards, au lieu de détester cordialement les religieux et le clergé, comme ils ont coutume de le faire, devraient, ce me semble, les aimer et les bénir. Sans eux, en effet, où trouveraient-ils des casernes et des bureaux en temps de révolution ? Les religieux bâtissent, en temps de paix, de quoi loger les communards en temps de guerre. Pourquoi les communards les haïraient-ils ?

Samedi 28 *janvier*. — Nous nous attendions à partir ce jour-là même pour la Suisse, afin de rejoindre l'armée par la frontière, puisque nous ne pouvions plus la rejoindre directement.

M. le Président arriva de Clermont pour assurer et accélérer notre départ. Quelques membres de l'ambulance faisant traîner les choses en longueur, le Président exigea que le départ eût lieu le soir même. Il fut néanmoins différé jusqu'au lendemain.

CHAPITRE IX

DE LYON AUX VERRIÈRES SUISSES

Dimanche 29 janvier. Saint François de Sales. — J'avais espéré pouvoir célébrer la sainte Messe le jour même de S. François de Sales, dans sa ville de Genève. Je dus me contenter de la célébrer à Lyon, la ville où il est mort. Nous partîmes aussitôt après par un train spécial. Nous fûmes toute la journée en route et nous n'arrivâmes à Genève qu'assez tard dans la nuit. Nous y apprîmes par dépêche télégraphique la capitulation de Paris et l'armistice. La défaite et l'humiliation de notre patrie, voilà la première nouvelle qui nous fut annoncée à notre arrivée sur la terre étrangère.

Lundi 30 *janvier*. — Nous entendîmes la messe de M. Chardon à la cathédrale catholique, près de la gare. Après déjeuner, nous visitâmes l'ancienne cathédrale devenue l'église consistoriale calviniste. C'est un magnifique et splendide vaisseau gothique. On y trouve le tombeau du duc de Rohan et la chaire de Calvin. A la place de l'autel, dans le sanctuaire, sont les bancs du Consistoire. Cette absence d'autel dans les temples protestants, surtout dans ceux qui furent autrefois des églises catholiques, fait affreusement mal au cœur. On sent que le vrai culte n'est pas là.

Point de culte sans sacrifice, et point de sacrifice sans autel.

Le soir, nous allâmes faire une petite promenade sur les bords du lac et sur les quais du Rhône. Nous crûmes un moment, par suite des mêmes difficultés dans lesquelles nous n'étions pour rien, que nous allions nous immobiliser encore huit jours à Genève comme à Lyon; mais nous reçûmes, le soir même, une dépêche de M. Aubergier, qui nous enjoignait de partir immédiatement pour Neufchâtel et la frontière.

Mardi 31 janvier. — Nous partîmes, en effet, après avoir entendu la messe à Notre-Dame, comme la veille. De Genève à Lausanne et de Lausanne à Neufchâtel, le voyage fut assez monotone. La neige couvrait toute la campagne. Nous arrivâmes à Neufchâtel au bord de la nuit. Tous les hôtels étaient occupés par les officiers des troupes fédérales concentrées en ce moment dans les trois cantons de Vaud, de Berne et de Neufchâtel. Cette dernière ville était même le quartier-général du général en chef de l'armée suisse, Hanzherzog. Impossible de trouver à nous loger nulle part. Enfin, nous nous adressons à l'Internationale, qui nous fait conduire à l'autre extrémité de la ville, à l'hôpital catholique de la Providence. Nous ne pouvions pas mieux tomber. Les religieuses, toutes françaises, nous accueillirent avec le plus cordial empressement. Elles ignoraient encore que nous étions tous prêtres ou séminaristes. Nos médecins avaient cherché et trouvé à se loger ailleurs.

Mercredi, 1ᵉʳ février. — Sur les indications du vice-consul de France et de M. de Villeneuve Bargemont, inspecteur général des ambulances, nous dûmes partir à 2 heures du soir pour nous rendre de Neufchâtel aux Verrières. Ce village est situé à l'extrémité du Val de Travers, près de la frontière française, sur la route et le chemin de fer de Pontarlier. L'armistice ne s'étendant pas à l'armée de l'Est, une portion de cette armée battait en retraite sur la Suisse par Pontarlier, les forts de Joux et le Val de Travers. Nous allions à son secours aussi près que possible de la frontière. Au moment de notre départ de Neufchâtel, nous vîmes un grand nombre de soldats français qui étaient déjà entrés en Suisse. On se préparait à les envoyer dans différentes directions. En attendant, les habitants de Neufchâtel commençaient à exercer à leur égard les bons offices de charité qu'ils devaient prodiguer si longtemps à nos soldats.

En vagon nous nous trouvâmes avec un

jeune officier de l'armée fédérale, originaire du canton du Valais, qui nous plut beaucoup par son bel air intelligent et honnête. Il paraissait plaindre vivement notre France autrefois si belle, si malheureuse aujourd'hui. Qu'il est pénible d'inspirer ainsi la pitié de l'étranger, lorsque naguère encore on excitait son envie !

CHAPITRE X

L'ARMÉE DE L'EST ET L'AMBULANCE DU PUY-DE-DOME AUX VERRIÈRES SUISSES.

Mercredi, 1ᵉʳ février. — La route de Neufchâtel aux Verrières est on ne peut plus pittoresque. Le chemin de fer gravit des rampes considérables sur les flancs escarpés du Val de Travers.

Le paysage, en été, doit être magnifique. En hiver, et dans les circonstances où nous étions, il attirait à peine nos regards. Lorsque nous arrivâmes à Travers, la nuit commençait à tomber. Nous aperçumes au loin dans la vallée, au milieu de la neige, le parc d'artillerie de l'armée qui était déjà entrée; et, depuis ce moment jusqu'à notre arrivée aux Verrières, nous ne vîmes plus, tout le long du chemin, que chevaux, caissons, voitures, canons, artilleurs, fantassins, qui marchaient en longues files, les unes derrière les autres, dans l'étroit sentier tracé dans la neige au milieu de la route.

Ce spectacle commença à nous glacer.

Arrivés aux Verrières, nous ne pûmes trouver le moindre gîte pour nous reposer, ni le moindre morceau de pain pour nous soutenir. Le village était encombré de nos officiers et soldats et des officiers et soldats suisses. L'autorité fédérale avait eu cependant la précaution d'envoyer à la mairie des Verrières des rations de pain, qui devaient être distribuées aux soldats français à leur passage. Cette distribution se fit, en effet, d'heure en heure, une partie de la nuit. J'allai y recevoir mon morceau de pain comme tout le monde ; je bus à la gourde de notre éclaireur, et, ainsi réconforté, je me résolus à passer la nuit à la belle étoile, allant et venant sur la route, à travers la neige, pour secourir les malades et les blessés. Je ne tardai pas, en effet, à me rendre utile. Je trouvai un homme couché dans la neige, près d'une porte de grange. Il avait perdu connaissance; le froid et la fatigue l'avaient saisi. J'allai chercher du renfort et nous le fîmes porter à l'ambulance suisse, où il revint à lui. Un peu plus loin et un peu plus tard, nous rencontrâmes un cacolet qui ramenait deux blessés. Nous les déchargeâmes et les portâmes à l'ambulance franco-suisse établie dans le temple protestant des Verrières. De ces deux hommes, l'un était sergent de l'infanterie de marine; il était blessé à la cuisse et paraissait horriblement souffrir. Il était resté deux heures sur le champ de bataille sans être relevé. « Et ce qui me fait le plus de peine, nous dit-il les larmes aux yeux, c'est que je crois que c'est une balle française qui m'a blessé ». Lorsque nous eûmes, non sans peine, installé de notre mieux les pauvres malheureux sur un peu de paille à la tribune du temple, nous allâmes à la recherche de quelques autres, toujours dans la nuit et dans la neige. Le premier qui se présenta fut un chef d'escadron des chasseurs d'Afrique, M. de Maumigny, originaire de la Nièvre. Il avait la main droite traversée par une balle. Nous le menâmes au temple. Là, un de nos docteurs, M. Viallis (1), se mit en devoir de le panser immédiatement. Assis sur une caisse de chirurgie, le blessé s'appuyait contre ma poitrine tandis qu'on le pansait. Il faillit s'évanouir deux ou trois fois de fatigue et de douleur. C'était un bel homme, dans la force de l'âge, à la physionomie bonne et douce. Il me dit, le lendemain, qu'il était le fils du comte de Maumigny, qui écrivait autrefois dans le *Monde*. Nous avons su plus tard qu'il était très aimé de ses soldats.

Il était plus de minuit quand nous eûmes fini le pansement du commandant. Nous continuâmes à circuler sur la route pour être toujours à même de rendre service. Nous franchîmes même plusieurs fois la frontière. De temps en temps, nous allions nous réchauffer

---

(1) M. Viallis, aujourd'hui docteur en médecine à St Germain-l'Herm (Puy-de-Dôme).

aux feux de bivouac que les soldats avaient allumés de chaque côté de la route et autour desquels ils dormaient. Nous trouvâmes là plusieurs mobiles du Puy-de-Dôme, tout heureux de nous revoir en leur compagnie, dès leurs premiers pas sur la terre étrangère. Pauvres jeunes gens ! Qu'ils faisaient peine à voir, eux et leurs camarades ! Quel triste spectacle que celui de cette retraite, au milieu des ténèbres et des frimas, dans un pays qui n'était pas le nôtre ! Une armée entière de cent mille hommes, contrainte de quitter le sol de la patrie, qu'elle n'a pu défendre, et obligée de chercher un refuge sur une terre hospitalière sans doute, mais étrangère !

A la frontière, un poste suisse de cinquante hommes était occupé au désarmement de toute une armée française. Et là, sur cette ligne imaginaire, qui sépare en cet endroit la France de la Suisse, de chaque côté de la route, gisaient des monceaux d'armes. Les braves soldats de la Confédération en étaient eux-mêmes touchés et confondus.

Il faut le dire, tout était contre nous, et les malheureux soldats qui défilaient pêle-mêle sur cette route, pendant toute la nuit, se soutenaient à peine, accablés comme ils l'étaient par le froid, la fatigue et la faim. Les chevaux eux-mêmes ne pouvaient plus aller, et beaucoup périssaient. On voyait leurs cadavres tout le long du chemin, et cette vue ajoutait un trait de plus à l'horreur d'un spectacle déjà si navrant.

Cette vallée des Verrières, encaissée entre deux hautes chaînes de montagnes, couverte d'un immense linceul de neige, sur lequel se détachait la sombre verdure des sapins, paraissait un vaste sépulcre où venait s'ensevelir la dernière armée française. Dans le lointain, le bruit sourd des canons des forts de Joux, qui protégeaient la retraite, semblait comme le râle de notre agonie. Ce sont, en effet, les forts de Joux, qui, avec la place de Belfort, ont tiré les derniers coups de la défense nationale, et l'écho de ces montagnes en portait le son lugubre jusqu'à notre oreille.

Jeudi 2 février. Purification de la sainte Vierge. — Après une nuit pénible, une journée plus pénible encore. D'abord, point de messe, malgré la fête du jour. Je fais ma prière du matin sur un fourgon d'ambulance, au bruit du canon, non loin du temple protestant. Ce temple eût-il été une église catholique, nous n'aurions pu y célébrer, encombré, comme il l'était, de malades et de blessés.

La retraite continuait toujours. Je vis défiler les mobiles du Loiret avec leur aumônier. Je venais de terminer ma prière ; je m'adressai à ce prêtre, qui était loin de soupçonner en moi un confrère. Je me fis connaître à lui ; je lui parlai d'Orléans et de son évêque, lui racontant les bontés de Monseigneur pendant notre séjour dans sa ville épiscopale et le priant de rappeler à son souvenir un de ces prêtres de l'ambulance du Puy-de-Dôme que sa Grandeur avait vu à Orléans et que lui, aumônier, avait retrouvé en Suisse, dans cette triste déroute de l'armée de l'Est. Il me le promit ; nous nous serrâmes la main, et je revins à la gare, où était notre matériel et où je trouvai aussi une grande partie de notre personnel. Quelques jeunes gens me reprochaient, à tort, de vouloir faire du zèle mal à propos, d'avoir mené l'ambulance inutilement jusqu'à cet endroit, de vouloir faire de l'ambulance à outrance, comme Gambetta voulait faire la guerre à outrance. Petites misères, en somme, que ces contestations !

Au coin de la gare, je trouvai un jeune soldat pâle, maigre, transi de froid, qui me sauta au cou en me disant : « M. Randanne, est-ce bien vous qui êtes là ? Oh ! oui, je vous « reconnais, je vous ai servi souvent la messe « à Dallet ». Je le reconnus moi-même à ce mot, le pauvre jeune homme, et ne pouvant lui donner autre chose, je lui remis quelque argent. Il me remercia les larmes aux yeux.

Sur ces entrefaites, quelques-uns de nos médecins ayant pris une autre direction, nous restâmes aux Verrières avec le chirurgien-adjoint, l'excellent docteur Viallis et 18 autres membres de l'ambulance. Nous fîmes ensemble un frugal et fraternel repas ; et, comme nous étions brisés de fatigue et d'émotion après une nuit et une journée comme celles que nous venions de passer, nous cherchâmes un gîte pour la nuit qui approchait. Nous en trouvâmes un dans la maison d'un ancien roulier, qui nous reçut cordialement dans sa nombreuse et intéressante famille. Ils étaient tous protestants, je crois, mais instruits et bien élevés. Le père m'étonna par sa conversation que je trouvai extraordinaire pour un homme de sa profession. Les jeunes filles me plurent aussi beaucoup par leur tenue honnête et modeste, simple et naturelle. Le bon vieux tira son matelas de son lit, l'étendit à terre, et, sur cette couche improvisée, nous trouvâmes, à trois, le plus délicieux repos.

Vendredi 3 février. — Après cette excellente nuit, nous prîmes congé de nos hôtes. Nous fîmes un déjeûner quelconque et nous repartîmes pour Neufchâtel. Arrivés là, nous retrouvâmes les jeunes médecins qui nous avaient quittés aux Verrières, et que nous croyions déjà partis pour Lausanne ou Genève.

Nous soupâmes ensemble. Après souper, j'allai retrouver notre logement chez les bonnes sœurs de l'hôpital catholique de la Providence. Nous y fûmes reçus comme la première fois.

CHAPITRE XI

SÉJOUR A NEUFCHATEL

Samedi 4 février. — Je pus dire ma messe à la chapelle de l'hospice, non sans m'être réconcilié, à cause de quelques colères et de vivacités un peu excessives que j'avais éprouvées la veille.

Ce jour-là il fut décidé, de concert avec M. le comte de Drée, vice-consul de France à Neufchâtel, et M. le comte de Villeneuve-Bargemont, inspecteur général des ambulances internationales, que les médecins de l'ambulance du Puy-de-Dôme pourraient repartir et que les aumôniers et infirmiers resteraient. Les médecins militaires suisses s'étaient réservé exclusivement le service médical, afin que l'internement fût plus rigoureusement observé, mais on manquait d'infirmiers. On manquait surtout d'aumôniers dans une ville presque toute protestante. Le curé catholique de Neufchâtel nous supplia de rester pour donner les secours religieux à tant de soldats français malades dans cette ville, devenue comme l'hôpital général de toute l'armée de l'Est.

M. le comte et Mme la comtesse de Drée joignirent leurs instances à celles de M. le curé. Ils n'eurent pas de peine à nous convaincre. Il fut convenu que M. Chardon et moi resterions en qualité d'aumôniers, et les six séminaristes, en qualité d'infirmiers. Deux de nos confrères, MM. Fouilhoux et Ossedat, qui se trouvaient fatigués, durent partir avec les médecins, dont le départ fut fixé au lundi 6. Le soir même, je repris mes fonctions et mon costume ecclésiastiques.

M. le curé m'envoya à Colombier, où était toute l'artillerie de l'armée, pour y célébrer la sainte Messe le dimanche.

Je partis pour Colombier par le dernier

train, accompagné d'un séminariste et emportant avec moi tous les objets nécessaires pour le saint Sacrifice. Mon accoutrement laissait bien un peu à désirer : j'avais un chapeau à peu près laïque, que m'avait prêté M. le curé, et sur ma mauvaise soutane, j'avais gardé, pour me préserver du froid, mon pardessus d'ambulancier, ce qui me donnait l'aspect assez étrange d'un prêtre persan ou d'un bonze chinois ; aussi bien, n'étais-je pas un peu missionnaire à l'étranger ?

Le train avait un retard considérable, et, quoique Colombier ne soit qu'à quelques kilomètres de Neufchâtel, il était plus de minuit lorsque nous y arrivâmes. M. le curé m'avait donné l'adresse d'un catholique chez lequel je pourrais loger. Le village est éloigné de la gare. Nous fîmes près d'une demi-heure de chemin dans la neige avant d'y arriver ; heureusement il faisait un beau clair de lune. J'étais chargé d'une lourde pierre sacrée qui me donnait bien du mal. Nous trouvons enfin la maison du catholique. Nous frappons, on nous ouvre ; nous demandons à passer le reste de la nuit n'importe où, pourvu que ce soit à l'abri. La femme ne veut pas nous recevoir ; le mari est moins intraitable, il cherche à faire entendre raison à sa femme ; et, en fin de compte, il obtient de nous donner asile dans sa maison ou plutôt dans son auberge (car il était aubergiste), déjà encombrée, en effet, d'artilleurs français. Il nous trouva cependant un petit cabinet où nous pûmes nous étendre sur deux bancs de bois, le long du mur, jusqu'au lendemain matin.

Dimanche 5 février. Septuagésime. — Aussitôt levés, nous allâmes faire notre tour à la grande caserne et au temple protestant, où je devais dire la messe. J'étais muni d'un laissez-passer de l'État-Major fédéral, qui me donnait un libre accès partout. Le jour était des plus mauvais, la neige fondante remplissait les rues d'une boue liquide. La plupart des soldats encombraient le temple et la caserne où ils étaient cantonnés. J'allai deux ou trois fois dans ce temple, pour examiner si je pourrais y trouver un moment et un endroit convenables pour y dresser un autel et y dire la sainte Messe. Impossible : on y fumait, on y mangeait, on s'y couchait, on allait et venait ; le sol était couvert d'une litière de paille souillée de boue qui avait l'aspect d'un fumier. Je n'osai jamais me déterminer à célébrer la sainte Messe dans ces conditions-là ; je préférai passer le dimanche sans en dire ni en entendre.

Je revins triste à Neufchâtel. En revenant, j'allai voir, sur mon chemin, dans une petite villa perdue au milieu des vignes, sur les bords du lac, quatre malheureux varioleux. Deux se confessèrent. Ce fut une bonne œuvre qui me dédommagea un peu de n'avoir pu célébrer le matin.

Lundi 6 février. — Je ne pus pas encore dire la sainte Messe ce jour-là, mais c'est le dernier où j'y aie manqué. Dès 7 heures du matin, j'allai à la gare retirer des caisses de linge que nos médecins nous laissaient pour les soldats. Ils partirent à 9 heures, nous les accompagnâmes et nous nous quittâmes bons amis.

Dès ce jour, nous commençâmes notre service d'aumôniers. Voici quel était l'ordre presque invariable de nos journées : après nos messes et nos exercices du matin, nous allions déjeuner à 9 heures, à l'hôtel du Lac. A 10 heures, nous entrions dans les ambulances, où nous restions jusqu'à 6 heures du soir. A 6 heures, nous allions dîner. Nous retournions ensuite faire une dernière visite aux ambulances ; après quoi nous nous retirions dans notre petite chambre de l'hôpital catholique pour y faire notre correspondance et celle des soldats, ainsi que nos exercices du soir.

Outre les trois hôpitaux de Neufchâtel : l'hôpital civil, l'hôpital Pourtalès et l'hôpital catholique, dont la cure s'était plus spécialement chargée, il y avait encore dans cette ville quatre grandes ambulances: celle du Temple neuf, et dans les premiers jours, celle du Collège neuf, celle des Bercles et celle des Terreaux (collège des filles). C'est à cette dernière et à celles du Temple et du Collège neufs que j'étais plus particulièrement attaché. M. Chardon visitait les Bercles et le second étage des Terreaux.

Nous eûmes d'abord un très grand nombre de malades, mille environ ; mais bientôt le service s'organisa, on fit beaucoup d'évacuations, et le chiffre moyen des malades fut de cinq à six cents. Sur ce nombre, il en mourait en moyenne cinq ou six par jour: c'était un centième. La maladie qui sévissait le plus était le typhus, maladie épidémique et contagieuse. Ceux qui en étaient atteints tombaient presque subitement dans le délire et mouraient deux ou trois jours après.

Dans le principe, rien n'étant encore organisé, on avait étendu de la paille dans les différentes salles du Collège. Les malades étaient couchés sur cette paille les uns contre les autres. Il était fort difficile de les confesser dans cette position ; il fallait, pour ainsi dire, s'allonger et se coucher à côté d'eux, et encore leur confession était presque publique, ce qui pouvait les gêner, ce qui nous gênait encore beaucoup plus nous-mêmes. Aucun cependant ne refusait les sacrements, même parmi ceux qui n'étaient pas en danger prochain. Les dames de la ville, toutes protestantes, qui venaient chaque jour pour soigner nos malheureux compatriotes, et qui le faisaient avec une charité et un empressement auxquels on ne peut que rendre hommage, étaient très intriguées par nos rapports avec nos soldats. Elles ne comprenaient pas ce que nous avions à faire à nous pencher ainsi auprès de nos coreligionnaires pour leur parler mystérieusement à l'oreille. Quand leurs pasteurs venaient, ils se contentaient d'adresser quelques mots à toute la salle, du seuil de la porte. Nous, au contraire, nous parlions rarement à tous en général, mais souvent à chacun en particulier. On eût dit que, sans s'en rendre compte, elles préféraient notre manière de faire. Mais les femmes protestantes, qui ne voient pas dans leur ministre le dépositaire des secrets de la conscience et le chaste gardien des âmes, étaient loin d'avoir à notre égard cette aimable retenue, à la fois confiante et respectueuse, dont la femme catholique honore toujours la personne du prêtre, quel qu'il soit. Le prêtre est pour elle plus et moins qu'un homme ; et, en sa présence, sans s'en douter, elle se compose à la fois plus et moins que devant un homme ordinaire. Pour la femme protestante, au contraire, le ministre de sa religion n'est ni plus ni moins qu'un homme, et elle parle, agit et se tient avec lui comme avec tous les autres. Cette différence entre catholiques et protestants nous frappa d'autant plus vivement que nous pouvions la constater chaque jour davantage. Aux ambulances, nous étions sans cesse avec des protestantes ; à l'hôtel, nous nous trouvions avec des dames catholiques françaises, originaires de Besançon et réfugiées en Suisse depuis la guerre. Elles étaient deux sœurs, veuves toutes deux et mères de famille, l'une de trois enfants, deux petites filles et un petit garçon, l'autre d'une petite fille seulement.

Ces dames, anciennes élèves du Sacré-Cœur de Paris, portaient un très beau nom. Elles avaient épousé les deux frères, Messieurs du Lédo ; elles les avaient perdus, l'un et l'autre, à quelques mois d'intervalle. Ne pouvant plus vivre avec leurs maris, elles avaient voulu vivre avec celle qui fut leur mère à eux, et qui par alliance était devenue la leur. Ensemble, elles étaient venues chercher en Suisse, pour elles et pour leur jeune et intéressante famille, quelque sécurité. Dire tout ce que ces dames nous ont témoigné de bienveillant intérêt et d'affectueuse sympathie serait chose difficile. Nous mangions aux mêmes heures. C'était une vraie joie pour les enfants lorsque nous arrivions ; le petit garçon nous sautait au cou, et volontiers les petites filles en eussent fait autant, si elles eussent osé. A chaque repas, elles nous apportaient avec bonheur quelque nouvel ouvrage de leurs mains pour les blessés, tandis que leurs mamans nous remettaient soit des ouvrages, soit des dons plus importants. Quelle foi, quelle simplicité, quelle noblesse dans ces deux cœurs de veuves chrétiennes ! Il est certain que leur compagnie nous a été douce et utile ; et, si nous avons pu, par notre présence, compenser quelque peu pour elles les ennuis de l'exil, nous avons encore plus reçu que nous n'avons donné. Quelle distance entre ces deux femmes à l'âme éminemment catholique et les dames protestantes, même les plus piétistes, que nous avions occasion de voir !

Cependant ces chères dames piétistes firent plus que s'étonner de notre zèle pour nos pauvres soldats, elles s'en alarmèrent. Au moment de l'entrée en Suisse des troupes françaises, elles s'étaient vantées, dit-on, en divers endroits, et notamment à Neufchâtel, de profiter si bien de cette occasion que leur fournissait la Providence pour instruire les pauvres soldats français, qu'elles en convertiraient au moins un certain nombre. Il faut avouer qu'elles ne négligèrent rien pour cela. Après avoir d'abord prodigué leurs soins, elles prodiguaient, de concert avec les ministres, leurs bibles et leurs brochures. Elles allèrent même jusqu'à prodiguer leurs conseils. Peine perdue que tout cela! Le troupier français est logique, il a du bon sens; il sait que s'il lui faut une religion, il a celle de son pays, qui est la meilleure de toutes : pourquoi en changerait-il ?

Comptant sur cette logique inexorable de nos soldats, nous ne cherchions même pas à les prémunir contre les insinuations plus ou moins perfides des mômiers et des mômières suisses. Nous savions, avec l'expérience que nous pouvions avoir de l'esprit national, que le plus sûr moyen d'affermir la foi de nos jeunes gens était précisément de la supposer assez affermie pour se dégager elle-même de toutes les importunités. C'est ce qui arriva. Nous ne fîmes rien contre la propagande protestante; mais les soldats firent d'autant plus. On crut que c'était nous qui les poussions, et l'on nous rendit responsables de leur résistance : on voulut nous en punir. Il fut décrété, par ordre du commandant de place, que les aumôniers ne paraîtraient dans les ambulances que de 10 h. à 6 h. Ce bon commandant de place subissait l'influence de toutes les dames de Neufchâtel, et notamment de sa sœur, protestante zélée. Mais nous n'étions pas d'humeur à accepter ses ordres; nous continuâmes à aller quand même faire notre visite aux ambulances après notre repas du soir. Les médecins, qui étaient du complot et qui l'avaient même ourdi, se chargèrent de nous éconduire. Ils le firent grossièrement. « Je croyais que vous « étiez avertis, nous dit le chirurgien en chef, « de ne vous présenter aux ambulances que « de 10 h. à 6 h.; vous continuez de venir « quand même le soir. Je n'entends pas que « vous veniez ainsi *embêter* mes malades; « désormais vous ne pourrez venir que de « 10 h. à midi et de 2 h. à 4 h. C'est dit ».

Nous ne répliquâmes pas; mais nous ne pouvions cependant rester sous le coup d'une interdiction si injuste et si contraire à la liberté des consciences.

Ceci se passait le vendredi 10 février. A

notre retour de l'ambulance, nous entrâmes à la cure pour nous concerter avec M. le curé sur ce qu'il y avait à faire. Nous étions indignés. M. le curé était un homme calme, positif, mais ardent ; nous trouvions en lui un heureux et rare mélange de jugement et de bon sens, joint à une ardeur modérée, mais vive : c'était à la fois l'homme de cœur et l'homme de raison. Il nous écouta avec le plus grand intérêt et nous dit : « Messieurs, c'est
« une excellente affaire, je m'en charge. Dès
« demain, je vais trouver les chirurgiens et le
« commandant de place, et je vais avoir avec
« eux une explication sur la manière dont ils
« entendent et pratiquent la liberté de cons-
« cience. Et si l'explication n'est pas satisfai-
« sante à notre point de vue, nous en référe-
« rons immédiatement à qui de droit ». L'explication eut lieu, en effet ; elle fut loin d'être satisfaisante.

Le curé revint blessé au vif comme nous l'avions été nous-mêmes. Il ne nous restait qu'à recourir aux juges de Berne par la voie officielle de notre consul et de notre ambassadeur; c'est ce que nous fîmes aussitôt. Nous nous mîmes tous les trois à l'œuvre, et nous rédigeâmes ensemble une protestation contre les faits qui venaient de se produire. Cette protestation fut envoyée à notre consul, homme très bienveillant et très chrétien, qui se chargea de la transmettre et de la recommander à notre ambassadeur à Berne, M. de Châteaurenard. M. de Châteaurenard, à son tour, la présenta au Conseil fédéral pour que justice fût faite. La réponse ne se fit pas longtemps attendre. Elle était on ne peut plus favorable. Pour cette raison ou pour une autre, le chirurgien en chef des hôpitaux et ambulances militaires de Neufchâtel fut même changé sur ces entrefaites. Le nouveau venu se montra très courtois ; il était même catholique, à ce que je crois. En conséquence, nous recommençâmes à aller aux ambulances comme auparavant, sans être nullement inquiétés.

Le typhus sévissait toujours; il enlevait parfois ses victimes avec une rapidité qui ne nous laissait pas le temps de leur donner les derniers sacrements. C'est ainsi que dans la nuit du samedi 11 au dimanche 12 février, mourut un jeune Basque qui ne parlait pas du tout le français, et à qui, pour ce motif, j'avais différé de donner l'absolution jusqu'au dernier moment. Je ne supposais point qu'il fût emporté si soudainement ; aussi, grande fut ma peine, lorsqu'en arrivant à l'ambulance le dimanche matin, j'appris qu'il avait succombé dans la nuit. J'avais passé une partie de cette nuit à rédiger et à transcrire la pétition que nous avions envoyée à notre ambassadeur. Si au moins on était venu me prévenir ! Ce qui me rassura sur le salut de cette âme, c'est que j'avais confessé un autre mobile, compatriote et camarade du défunt, et par la conscience de l'un, je pouvais juger que celle de l'autre n'était pas en mauvais état. Toujours est-il que cette douloureuse circonstance m'occasionna le plus grand chagrin. Mais si Dieu a des secrets de miséricorde, ce doit bien être en pareil cas.

Du dimanche 12 au dimanche 19. — La semaine ne présenta rien d'extraordinaire. C'était tous les jours le même service : visites, confessions et administration des sacrements aux malades. Nous leur donnions l'Extrême-Onction et l'indulgence plénière, mais nous avions le regret de ne pouvoir leur administrer le S. Viatique, la plupart perdant ordinairement connaissance longtemps avant de mourir.

Le nombre des malades commençant du reste à diminuer un peu, soit par les évacuations, soit hélas! par les décès, nous avions des moments libres. Je les employais à lire quelques journaux que j'achetais chaque jour et que je portais ensuite aux internés, surtout à ceux du Temple neuf, qui en étaient plus avides, parce qu'il n'y avait parmi eux presque aucun malade. Ce local était, en effet, plutôt un dépôt de troupes qu'une ambulance proprement dite ; mais il y avait quand même du bien à y faire et je ne négligeais pas d'y aller tous les jours. Outre les journaux, que je leur lisais, en les commentant quelquefois, je leur apportais tantôt une chose, tantôt une autre, des vêtements, du linge, des chaussures, quelques friandises, voire même des jeux de cartes. La journée était si longue dans cet immense temple qui avait plutôt l'air d'un caravansérail ! A part les orgues et la chaire, qui donnaient à cet édifice une façon un peu religieuse, il avait, en effet, plutôt l'apparence d'une halle ou d'un marché que celle d'un temple.

En sortant du Temple neuf, si j'avais quelque temps libre, j'allais ordinairement me promener sur les bords du lac, malgré la saison. C'était toujours pour moi une promenade fort agréable. Le lac, tour à tour agité ou tranquille, suivant les jours, était toujours beau à voir. Tantôt il lançait sur la grève ses vagues retentissantes; tantôt calme et uni comme la surface d'une glace, il reflétait dans ses eaux l'azur du ciel, la neige des montagnes ou les derniers feux du soleil couchant. C'était alors un magnifique spectacle. Devant soi, on avait, au premier plan, le lac et, au delà, la chaîne imposante des pics de l'Oberland bernois et du Mont-Blanc. A l'aide d'un disque indicateur disposé à cet effet, on pouvait même se rendre compte des différents sommets de la chaîne. Ici, c'était la fameuse *Jungfrau,* là le Mönch, ailleurs l'Altel, plus loin les Diablerets et la Dent du Midi ; à l'extrême droite, la cime du Mont Pilate, à gauche le mont Bondry. Derrière, on avait la ville et les coteaux de vignobles qui la dominent. Quel immense et splendide tableau ! Parfois, surtout, lorsque le lac était calme, je ne pouvais m'arracher à ce spectacle.

En face de cette grandiose nature, j'oubliais un moment les chagrins et les soucis de mon âme pour me reposer, dans une douce rêverie, de toutes ces scènes de deuil ou de violence auxquelles je ne m'étais jamais tant trouvé mêlé que depuis six mois. La paix de ces eaux profondes, qui venaient mourir à mes pieds sans même le plus petit mouvement ni le plus léger murmure, redonnait quelque paix à mon cœur ému et troublé. Puis, après un moment d'oubli, je revenais à penser à l'Église, à la France, aux âmes souffrantes, et je disais à Dieu, dans le secret de la mienne : « Seigneur, quand est-ce donc que vous nous donnerez la paix ? Elle est belle, la paix de ce beau lac ; mais votre paix, ô Sauveur Jésus, est plus belle encore !... Donnez-la de nouveau à votre Église, donnez-la à notre pauvre Patrie, donnez-la à ceux qui meurent, donnez-la à ceux qui survivent, donnez-la aux miens, donnez-la à tous ». Et tandis que, dans l'élan de mon cœur, je priais ainsi sans le savoir, je remarquai, au-dessus de la surface tranquille du lac, quantité de mouettes qui voltigeaient çà et là, en tous sens, rasant la surface des eaux, s'y plongeant à demi. Que j'eusse voulu plonger aussi mon âme dans les eaux paisibles de la grâce divine !

D'autres fois, j'aimais à contempler l'agitation du lac. Un soir entre autres, où il était encore plus agité qu'à l'ordinaire, je voulus me promener sur ses bords après la nuit close. Les ombres du lac, se mêlant aux ombres de la nuit, rendaient celles-ci encore plus épaisses. Pas une étoile au firmament; les ténèbres étaient complètes, et, dans ces ténèbres profondes, on n'entendait que le mugissement des flots. Rien de plus noir ni de plus lugubre. N'était l'espérance du lendemain, ce serait l'enfer et son *sempiternus horror*. Mais le lendemain viendra, et, avec lui, le soleil ramènera la lumière sur l'horizon et la tranquillité sur la surface des ondes. Ainsi en sera-t-il de cette nuit morale et de ces bouleversements politiques dans lesquels nous vivons depuis trop longtemps. Cette nuit aura son lendemain, qui ramènera le soleil et la paix.

Dimanche 19 *février*. — Je fus envoyé de nouveau à Colombier pour y célébrer la sainte Messe et y prêcher. Mais cette fois, j'y allais à coup sûr. Je devais célébrer dans l'infirmerie de la caserne, où l'on avait disposé un petit autel à cet effet. Outre les malades, qui étaient là (environ une cinquantaine), il y avait aussi quelques soldats et officiers d'artillerie. A l'Évangile, je leur adressai quelques paroles.

Je pris pour point de départ l'article du journal la *Décentralisation* (1).

C'était un thème fécond et vrai; je commentai de mon mieux cet article de journal, après le leur avoir lu. On m'écouta avec intérêt. Je repartis en promettant de revenir.

Jeudi 23 Février. — J'y retournai, en effet, ce jour-là. J'apportai avec moi un paquet de linge et de flanelle qui fut bien accueilli. J'en fis la distribution; puis je confessai et administrai quelques hommes des plus malades, et je repris le chemin de Neufchâtel.

A peine étais-je de retour que l'on m'envoya

---

(1) « La France autrefois catholique, fille aînée de l'É-
« glise, a joui pendant cinquante-cinq ans d'une pros-
« périté inouïe! Malgré ses fautes et ses révolutions, la
« gloire s'attachait à son drapeau, le succès à toutes ses
« entreprises. Le bien-être est devenu le Dieu de tous.
« La France a cru pouvoir se suffire. Elle a dit au
« monde: Je n'ai plus de religion d'État. Elle a dit à
« Dieu, comme nation : Je n'ai que faire de vous. De-
« meurez chez vous dans le ciel. La terre de France
« m'appartient. J'ai du génie et des talents, je saurai
« bien la défendre et l'agrandir, s'il me plaît!
« Dès lors, plus de sanctification du dimanche, plus
« d'aumôniers dans les régiments et les écoles. Plus de
« prières officielles pour l'État, même à la veille d'une
« grande guerre. L'enseignement est confié à de stu-

chercher pour un de mes malades qui se mourait. Comme c'était l'un de ceux qui me paraissaient le moins en danger et durs à se rendre, je ne m'étais pas pressé de lui poser les questions décisives. Je l'avais fait cependant le matin, avant mon départ de Colombier. Quand je revins et que l'on m'appela près de lui, il avait perdu la parole, mais non la connaissance. Ce fut lui-même qui me demanda. J'accourus aussitôt. Sa langue était muette, mais ses grands yeux blancs de phtisique me parlaient assez et avec une expression touchante. Je lui

---

« pides savants, libres-penseurs audacieux, matérialis-
« tes éhontés.
 « Élevée à cette école, qu'est devenue la France?
 « Chacun réclame des droits, personne ne connaît de
« devoirs. Plus de respect, plus d'obéissance. Le ma-
« nœuvre juge son patron, le soldat son général, le fils
« son père. Les spectacles les plus immoraux et les
« plus impies sont légitimés par le succès. Le mariage
« n'est plus qu'une affaire de dot, les enfants ne sont
« pas désirés.
 « Le riche mange et se promène, le pauvre danse et
« s'enivre. Le militaire s'endort dans l'absinthe et dans
« la paresse. L'ouvrier fait grève et blasphème, et le
« cultivateur accumule, afin que son fils *unique* hérite
« de plus de biens. Il y a des individus, il n'y a plus
« de familles, il n'y a plus de patrie! Cependant le fléau

pris la main, lui dis quelques mots d'affection, qu'il comprit fort bien ; de sa main mourante, il serra la mienne. Je lui demandai alors s'il était fâché d'avoir offensé Dieu et s'il voulait recevoir les sacrements et le pardon de ses péchés ; il me fit un signe non équivoque d'assentiment, et quand je lui donnai l'Extrême-Onction, il la reçut en pleine connaissance, présentant lui-même, à l'Onction sainte, ses oreilles, ses yeux, ses mains, avec une présence d'esprit et un esprit de foi qui me tou-

---

« de la guerre s'élève ; guerre inouïe dans ses propor-
« tions, guerre implacable par ses moyens. Les désas-
« tres se succèdent, et si les dévouements de bien
« nobles victimes se multiplient, les revers se hâtent
« encore davantage. Dépouillées de leurs anciennes
« qualités, nos armées disparaissent, comme livrées
« d'avance à leurs barbares ennemis. Enfin la dernière
« est accueillie chez un petit peuple voisin. Pourquoi
« les armées d'une grande nation comme la France
« sont-elles réduites à chercher un refuge chez plus
« petit et plus faible qu'elle ? Ouvrons les yeux et ju-
« geons froidement.

« Le grand peuple a voulu se passer de Dieu. Il blas-
« phémait son nom redoutable et le livrait à la risée
« publique par sa presse et ses théâtres. Il ne sancti-
« fiait plus le dimanche. Peut-être violait-il la plus ri-
« goureuse des lois naturelles. Il a nié que la créature

chèrent jusqu'aux larmes. Nul de ceux que j'avais administrés jusqu'alors ne m'avait donné autant de consolation. Cependant ils m'édifiaient tous, ces pauvres chers jeunes gens, par leur douceur, leur résignation et leur patience. Ils étaient heureux de nous voir sou-

---

« eût aucun devoir à remplir vis à vis de son Créateur.
« Dieu l'a abandonné.
 « Le petit peuple, lui, ne connaît pas le blasphème.
« Il sanctifie le dimanche. Ce jour-là, les journaux ne
« s'impriment pas, les lettres ne sont pas distribuées,
« les magasins se ferment. Il y a des jeûnes publics, et
« les proclamations officielles parlent toujours à la
« conscience, en invoquant le secours de Dieu, en le
« remerciant de ses bienfaits. Il y a des familles nom-
« breuses.
 « Ce petit peuple, enfin, prétend dépendre de Dieu.
« Catholique ou protestant, Dieu, qu'on ne saurait
« tromper, jugera l'individu, mais il n'abandonne pas
« la nation.
 « Maintenant que nos gouvernants s'évertuent à cher-
« cher qui pourrait bien remplacer Dieu pour la
« France! Mais s'ils ne trouvent rien, plutôt que de
« nous laisser mourir, qu'ils le rappellent à nous!
« qu'ils le comptent pour quelque chose, comme font
« tous les autres peuples.
 « Et nous pourrons bientôt, fiers et heureux comme
« autrefois, redire efficacement notre belle devise :
« Dieu protège la France. »
R. DÉMOUSTIER.

(La *Décentralisation*, février 1871.)

vent. Aucun ne nous a désobligés, manqué d'égards le moins du monde. De notre côté, comme nous aimions à les encourager, à les exhorter, à préparer leurs âmes à ces grâces tout intimes et toutes personnelles que les sacrements de l'Église apportent à chacun de ses enfants, surtout à la dernière heure! Et quand nous avions ainsi pourvu à l'essentiel, quand nous avions rappelé et rouvert la patrie éternelle à ces âmes que nous voyions sur le point d'y entrer, nous tenions encore à rester auprès de leur lit d'agonie, à essuyer leurs dernières larmes et à adoucir leurs derniers moments par un mot de la patrie ou de la famille. Alors, dans une suprême et fraternelle étreinte, en nous pressant la main, ils nous faisaient assez sentir que, loin de les ennuyer, nous étions tout à la fois pour eux une personnification vivante et une vivante image de ces trois grandes choses que tout homme aime et honore ici-bas: la famille, la patrie et la religion. Chers jeunes gens! Ils sont morts sur la terre étrangère au moment où les portes de la patrie allaient sans doute se rouvrir pour eux. Que cette terre leur soit légère ! Que l'éternelle patrie les reçoive dans son sein, et que ceux qui ont contribué à rendre moins amer leur dernier soupir reçoivent les bénédictions qu'ils ne manqueront pas de leur envoyer du haut du ciel !

Vendredi 24 février. — On voulut cependant nous arracher encore de leur chevet. Les dames étaient revenues à la charge auprès de leurs médecins et du commandant de place, pour obtenir que nous fussions exclus des ambulances, si ce n'est à de certaines heures. En conséquence, on nous rappela les ordres antérieurs, qui bornaient nos visites au nombre de deux par jour, de 10 heures à midi et de 2 à 4 heures. Nous répondîmes que ces ordres avaient été révoqués par l'intervention de notre ambassadeur et révoqués par l'autorité du conseil fédéral, et que cette révocation nous avait été notifiée par une lettre de notre Consul, que nous pouvions montrer. « Que « m'importent les lettres du Consul de France

« ou de la République de Nicaragua ! Je ne con-
« nais que le Conseil fédéral, et le Conseil fédéral
« n'a rien révoqué, à ma connaissance, nous dit
« le chirurgien en second (car le chirurgien en
« chef ne prit point part à cette querelle). J'ai des
« ordres, poursuivit-il, et je les ferai observer.
« Sortez d'ici, ce n'est point votre heure; (il
« était 7 h. du soir). Si vous ne sortez pas de
« gré, je vais vous faire sortir de force ». Et,
en effet, il envoya chercher quelques soldats
suisses au poste de l'ambulance. Tandis qu'ils
montaient par un escalier, la baïonnette à la
main, nous descendions par l'autre, mais non
sans protester devant tous nos malades contre
la violence qu'on nous faisait, à eux et à nous.
Les malades protestaient de leur côté en termes
touchants et énergiques. Nous abrégeâmes
cette scène pour ne pas pousser les choses
jusqu'au scandale. Mais le lendemain, nous
nous présentâmes de bonne heure chez le commandant de place, le colonel Perrot, pour lui
demander des explications sur la scène qui
s'était passée la veille à l'ambulance des Ter-

reaux. Nous lui montrâmes la lettre du Consul, nous invoquâmes encore le grand principe de la liberté de conscience et de la dignité de l'âme humaine. Nous ajoutâmes que nous n'en resterions pas là et que nous voulions enfin avoir l'âme nette de toutes ces tracasseries et savoir sur qui nous devions en faire peser la responsabilité. « Nous avions pris la plume,
« ajoutâmes-nous encore, pour écrire et faire
« insérer dans les journaux de Suisse et de
« France un article signé de nous, à l'éloge
« de la ville de Neufchâtel. Il ne paraîtra pas ;
« et si vous nous y forcez par la continuation
« des mêmes procédés à notre égard, nous
« ne nous contenterons pas de ne point vous
« louer, mais nous saurons aussi nous plain-
« dre ».

M. Chardon et moi, nous parlions chacun à notre tour, avec la même animation et la même fermeté. Le commandant, visiblement ému, ne nous faisait que des réponses évasives. Il se défendit faiblement. Nous n'insistâmes pas ; notre but était atteint. Nous voyions bien que cet homme ne songerait plus désormais à nous créer de nouvelles difficultés.

CHAPITRE XII

LE RETOUR

Le départ des séminaristes et le mien étaient résolus. M. Chardon devait rester seul jusqu'au complet rapatriement des internés. Il pouvait désormais suffire à la tâche, le nombre des malades ayant diminué de plus de moitié. Je fis mes adieux aux bonnes et excellentes religieuses de la Providence, aux dames du Lédo et à leurs enfants, Marguerite, Fanny, Marie et Popol (Hippolyte). C'étaient là toutes nos connaissances de Neufchâtel, mais quelles aimables et délicieuses connaissances !

Dimanche, 26 février. — J'allai dire la sainte Messe à Colombier. Le commandant de place jugea à propos de me faire retarder ma messe jusqu'à midi, et faillit me faire manquer le train. J'arrivai à temps néanmoins et je repartis pour la France sans retourner à Neufchâtel. Je retrouvai les séminaristes dans le convoi, comme nous en étions convenus, et le soir même nous arrivions à Genève.

Lundi 27. — Je célébrai la sainte Messe à la cathédrale. Nous apprîmes dans cette ville la signature définitive des préliminaires de la paix. Nous arrivâmes à Lyon le même soir, et le lendemain mardi, 28, nous rentrions à Clermont, heureux, pour ma part, de revoir mon pays et d'avoir pu écrire cette page douloureuse de son histoire, sinon comme tant d'autres, avec mon sang, au moins avec mes sueurs, mes fatigues et mes privations.

APPENDICE

APPENDICE

I

Personnel de l'ambulance du Puy-de-Dôme

MM. CHARDON, Supérieur des Missionnaires diocésains de Clermont-Ferrand, aumônier.

POMMEYROL, missionnaire, infirmier.
RANDANNE, id. id.
SAULZE, id. id.
FOUILHOUX, id. id.
OSSEDAT, id. id.
BAPTIFFAUD, séminariste, id.
BRUNIER, id. id.
CARTON, id. id.
COMPTE, id. id.
FONLUPT, id. id.
MARMOITON, id. id.

MM. Ducroix, médecin en chef et chef de l'ambulance.

Chantelauze, docteur en médecine.
Pireyre, id.
Porte, id.
Viallis, id.
Garde, officier de santé.
Porrat, id.
Girard, étudiant en médecine.
Grellet, id.
Gauthier-Lacroze, Jacques, pharmacien.
Bernard, id.
Lafarge, éclaireur à cheval.
Rousseau-Bravi, comptable (1).

De plus, l'ambulance avait à son service cinq domestiques. Elle possédait neuf chevaux, un omnibus de famille pour le transport des blessés et des malades et trois grands fourgons pleins de médicaments, d'objets utiles aux pansements et de vivres.

---

(1) Cette liste nous a été communiquée par un des prêtres qui firent partie de l'ambulance. Reconstituée seulement à l'aide de ses souvenirs, elle n'est peut-être pas complète.

II

Projet de règlement de l'ambulance du Puy-de-Dôme.

ARTICLE PREMIER

PERSONNEL

Le personnel de l'ambulance comprend :
1º Un chirurgien en chef.
2º Des chirurgiens.
3º Des aides chirurgiens.
4º Des infirmiers ecclésiastiques.
5º Des domestiques infirmiers.
6º Un pharmacien aide.
7º Un comptable.
8º Un interprète courrier.
9º Quatre cochers ou domestiques.

ARTICLE 2
ATTRIBUTIONS

Au chirurgien en chef appartiennent : La direction générale médicale, chirurgicale et pharmaceutique de l'ambulance, l'organisation des divers services, la répartition et la désignation du personnel dans ces services, la fixation des heures de visite, des pansements et des tours de garde, la surveillance de l'exactitude et l'application de chacun à ses devoirs, enfin tout ce qui concerne la bonne administration des soins à donner aux malades ou aux blessés.

Le chirurgien en chef représente l'ambulance dans ses rapports avec l'autorité civile ou militaire, l'intendance, l'administration, et dans tous les cas où elle doit faire acte collectif.

Il est tenu d'inscrire régulièrement, jour par jour, sur son livre-journal, les faits et actes médico-chirurgicaux, ainsi que les principales opérations de l'ambulance, et d'en adresser un extrait tous les huit jours à Monsieur le Président du Comité, à Clermont-Ferrand.

Pour la tenue de ce journal, le chirurgien en chef peut s'entendre avec ses collègues; mais il en a seul la responsabilité.

ARTICLE 3

Les chirurgiens sont chargés de la visite et du pansement des malades dans les lieux et aux heures indiqués par le chirurgien en chef.

Les opérations graves ne seront pratiquées par eux qu'après avis préalable de ce dernier ou de son adjoint, à moins d'empêchement avéré de leur part.

Deux visites par jour sont obligatoires pour chacun d'eux, une le matin, une le soir.

Les chirurgiens sont astreints à un service de garde de l'ambulance à tour de rôle, suivant l'ordre et dans les conditions déterminés par le chirurgien en chef.

ARTICLE 4

Les aides sont chargés des pansements des malades sous la direction et le concours des chirurgiens.

Ils assistent à toutes les visites du chirurgien au service duquel ils sont attachés, font les pansements du matin et du soir et remplissent toutes les prescriptions de leurs chefs.

En cas d'absence de ces derniers, ils les remplacent, à moins que le chirurgien en chef ne désigne, à cet effet, un de ses collègues, ce qui doit avoir lieu chaque fois que le bien du service l'exige.

Sur la désignation du chirurgien en chef, ils peuvent concourir au service de garde de l'ambulance, et même, en cas de nécessité, aux veilles de la nuit.

Ils sont enfin chargés d'opérer avec les infirmiers la recherche et le transport des blessés.

ARTICLE 5

Les infirmiers sont chargés de tout ce qui concerne le service des malades confiés à leurs soins. Ils remplissent les prescriptions des chirurgiens; ils assistent aux visites pendant lesquelles ils rendent tous les services qu'exigent les soins des malades et aux pansements auxquels ils peuvent être admis à concourir.

Ils sont chargés de l'exécution des ordonnances des chirurgiens, de la surveillance du régime, de l'administration des remèdes, de la distribution des aliments. Ils veillent à la propreté des malades, à la bonne tenue des salles, aux soins de la literie et du linge, des vêtements, des ustensiles, etc.

A tour de rôle, ils sont chargés du service de nuit; enfin ils opèrent, avec les aides, la recherche et le transport des blessés.

Un infirmier-major, désigné par le Comité, s'occupe de la surveillance des infirmiers, tout en remplissant lui-même les fonctions. Il les place dans les divers services, suivant les besoins indiqués par le chirurgien en chef, veille à ce qu'ils s'acquittent ponctuellement et convenablement de leurs devoirs, détermine le tour et le nombre de veilles, enfin pourvoit à toutes les nécessités du service des malades.

Sous sa direction, les infirmiers domestiques remplissent les divers offices de domesticité nécessités par le service de l'ambulance.

ARTICLE 6

Le pharmacien est chargé de la préparation et de la distribution aux malades et aux infirmiers de tous les remèdes prescrits par les chirurgiens, remèdes externes, remèdes internes, pommades, liniments, pilules, potions, tisanes, etc.

Il doit s'occuper de la bonne tenue, de l'acquisition et de la préparation de tous les médicaments nécessaires.

Immédiatement après les visites, l'aide de chaque service doit lui remettre une note contenant le détail des remèdes à préparer et la désignation des malades qui doivent les recevoir. Il remplit en outre les fonctions d'aide-chirurgien, et il doit, en cette qualité, être attaché à un service par le chirurgien en chef.

ARTICLE 7

L'aumônier a pour mission la direction religieuse des malades. Il est du devoir de tous les membres de l'ambulance de lui faciliter l'accomplissement de ses fonctions spirituelles.

Le chirurgien en chef doit lui faire délivrer

les sommes nécessaires à cet accomplissement, sans autre justification qu'un simple reçu.

ARTICLE 8

Le comptable est chargé, sous la surveillance du chirurgien en chef, de la comptabilité de l'ambulance, de la gestion de la caisse, du paiement des dépenses sur mandat du chirurgien en chef, de l'ordonnance des repas, de la surveillance des domestiques.

Il doit veiller à la conservation des provisions et à l'acquisition de toutes les denrées alimentaires, à la garde du linge et des objets de pansement, à leur entretien, à leur blanchissage, à leur distribution aux chirurgiens, aux aides ou aux infirmiers. Enfin il est préposé à la garde et à la conservation de tout le matériel de l'ambulance.

Dans cette dernière partie de son service, il pourra se faire aider par l'infirmier-major.

ARTICLE 9

MESURES GÉNÉRALES

Un registre d'entrée et de sortie des malades

existera dans l'ambulance ou dans chaque fraction qu'elle formera.

Ce registre sera tenu, chaque jour, par le chirurgien de garde ; il contiendra les noms, prénoms, âge et lieu de naissance de chaque malade, le domicile de ses parents, l'indication précise du corps auquel il appartient, la date de son entrée et de sa sortie, le nom et l'issue de sa maladie, et, enfin, l'indication du lieu où il sera envoyé.

En cas de besoin, le chirurgien de garde pourra réclamer le concours de l'interprète pour la tenue de ce registre.

ARTICLE 10

Lorsque l'ambulance sera divisée en plusieurs sections, le chirurgien en chef désignera le chef de chaque section; ce dernier sera chargé de tenir le registre précité et d'en communiquer un extrait au chirurgien en chef, au moins une fois par semaine.

Ces registres seront conservés par le comptable dans les archives de l'ambulance, comme témoignage des services qu'elle aura rendus.

La liste des malades ou blessés du département du Puy-de-Dôme reçus dans l'ambulance sera envoyée tous les huit jours à M. le Président du Comité. Cette liste contiendra l'indication de leur maladie ou de leurs blessures.

ARTICLE 11

Les déterminations qui n'auront pas été prévues par le réglement ou qui devront être prises en dehors des mesures prescrites par l'autorité militaire seront arrêtées dans un conseil composé des chirurgiens de l'ambulance, de l'aumônier et de l'infirmier-major.

Toute décision pourra être prise à la simple majorité des voix; en cas de partage, la voix du chirurgien en chef sera prépondérante.

Le conseil sera réuni sur la convocation du chirurgien en chef ou sur la demande de trois membres du conseil.

ARTICLE 12

Un chirurgien en chef adjoint sera chargé de remplacer le chirurgien en chef en cas d'empêchement de ce dernier.

Le chirurgien en chef, le chirurgien en

chef-adjoint et l'infirmier major seront directement nommés par le Bureau du Comité ; en cas de partage, la voix du Président sera prépondérante.

ARTICLE 13

DISCIPLINE

Les membres de l'ambulance sont astreints à la plus stricte discipline.

Ils doivent obéissance au chirurgien en chef et à leurs chefs de service respectifs.

Les pénalités consistent dans l'avertissement et l'exclusion.

L'avertissement est donné en présence du Conseil et sur son avis. L'exclusion est prononcée par le Conseil composé conformément à l'article 11.

L'exclusion entraîne le retrait du brassard et de tous les insignes qui assurent la neutralité.

Le Secrétaire,   *Le Président du Comité,*

FOURIAUX,   M. AUBERGIER.

III

Les lettres que nous publions ici complètent utilement le manuscrit de M. l'abbé Randanne.

Elles furent adressées, pendant la guerre, par les prêtres infirmiers, à M. l'abbé Fougerouse, économe de la Mission diocésaine et des prêtres infirmes, retenu à Clermont par les devoirs de sa charge et par les fonctions d'aumônier des ambulances locales de l'Immaculée-Conception, rue Bansac, et de l'Abattoir, où furent soignés plusieurs centaines de blessés et de malades.

Château de Villetard, près Maves, Loir-et-Cher.

Mon cher ami,

Notre voyage a été un peu long. Nous ne sommes arrivés à Blois que le vendredi soir.

Le samedi, le chirurgien en chef et moi sommes

allés voir le général d'Aurelles au château de Diziers. Nous lui avons présenté une lettre de M. Aubergier.

M. d'Aurelles nous a envoyés au général de division Pétavin, à deux ou trois lieues plus loin, à La Chapelle-St-Martin. Celui-ci nous a dit de nous établir à proximité de l'endroit où il se trouve.

Avant de repartir, nous avons vu les mobiles de Riom et de Clermont qui étaient à vingt minutes de là.

Nous sommes allés rejoindre nos fourgons à Blois, et tout le personnel a fait cinq bonnes lieues à pied.

Nous sommes arrivés à La Chapelle Saint-Martin dans la nuit et nous avons été logés dans les maisons, dans les fenils, dans les étables : car l'encombrement était très grand.

Le lendemain, lundi, nous sommes allés, sur les conseils du général, M. Ducroix et moi, visiter deux châteaux des environs pour voir si nous pouvions y établir notre ambulance. Nous avons fait choix de celui d'où je vous écris, et dont le propriétaire est M. Turpin, parti pour Toulouse. Nous nous y sommes établis, au grand regret des habitants du château de Villeremard, qui nous réclamaient. Si on observe exactement la Convention de Genève, l'ambulance protégera tout le local dans lequel elle sera installée.

A peine avons-nous été arrivés que nous avons reçu

26 malades. Les infirmiers ont été tout de suite à l'œuvre pour faire des lits avec de la paille et du foin. Cela se passait hier. Ce matin il est arrivé encore un certain nombre de malades, dont dix des moins valides sont seuls demeurés ; les autres, après avoir pris du repos et refait leurs forces, ont été envoyés aux hôpitaux de Blois. Parmi ceux que nous avons gardés s'en trouvent deux du Puy-de-Dôme, l'un de Corent et l'autre de Pont-du-Château.

Pendant toute la journée d'hier, nous avons entendu gronder le canon. On a annoncé qu'un escadron de cavalerie prussienne avait tenté de pénétrer dans la forêt de Marchenoir et qu'il avait été repoussé par les avant-postes français.

Ce matin je suis parti avec deux chirurgiens pour aller au camp des mobiles de Clermont, de Riom et d'Issoire, afin d'y recueillir des malades. Nous en avons trouvé deux seulement : le camp était levé et les mobiles étaient allés dans la direction de Marchenoir en se rapprochant du point où était fixée notre ambulance. Peut-être prendront-ils part au combat demain ou après-demain.

Une ambulance, avec tout son matériel, ne doit être ni trop proche ni trop éloignée du champ de bataille, d'après ce que nous a dit le général Pétavin. Le point qu'il nous a indiqué est le plus favorable jusqu'à cette heure ; mais si on se transporte à plusieurs lieues plus loin, nous nous déplacerons.

Nous n'avons pas encore eu de blessés. On tient beaucoup à envoyer les malades plus loin afin que les blessés aient la place libre, quand ils arriveront.

Nos infirmiers sont très actifs et très soigneux pour les malades. Ils sont de garde à tour de rôle le jour et la nuit. Mais souvent ils travaillent tous à la fois. Les autres infirmiers, ceux qui ne sont pas ecclésiastiques, ne sont pas employés au soin des malades. Ils s'occupent des chevaux, de la cuisine, du ravitaillement. Pour moi, je vais me coucher dans le foin auprès de chaque malade successivement et je cause avec lui. Tous sont contents de se confesser ainsi. S'il en est de même des blessés, Dieu bénira notre œuvre.

Nos médecins ne soupirent aussi qu'après le travail.

Quand il y aura un combat un peu rapproché, nos voitures et des voitures militaires seront en course continuelle.

Nos mobiles ont un air résolu. Pris individuellement, quelques-uns désirent l'armistice ; en groupe, ils protestent contre.

Il y a eu dans notre voyage bien des péripéties que je ne puis vous raconter en détail. Cette première lettre est destinée à vous dire où nous sommes, ce que nous avons commencé de faire, ce que nous attendons.

Priez toujours pour que nous puissions faire notre œuvre utilement pour les autres et pour nous.

Tout à vous en N. S.
G. Chardon.

Meung-sur-Loire (Loiret), 12 novembre 1870.

Mon cher ami,

Dans sa lettre, M. le Supérieur a dû vous raconter notre voyage, notre installation au château de Villetard, les soins que nous avons eu à y donner à une trentaine de malades. Depuis lors, plusieurs ont été envoyés à Blois, un est mort de la fièvre typhoïde et les autres ont été laissés au château.

Nous avons dû partir, car l'armée de la Loire, ayant remporté des succès tout à fait inespérés, a marché très rapidement en avant. Orléans a été repris et nos troupes sont actuellement en route sur Paris. Nous les avons suivies à marches forcées depuis trois jours. Nos confrères doivent actuellement repartir d'Orléans où ils ont fait leur entrée hier au soir. Nous, nous sommes restés quatre ici pour soigner une trentaine de blessés, parmi lesquels Lucien Croze, qui a deux blessures, l'une à la main, l'autre à la cuisse, mais sans gravité.

Il est déjà mort à Meung un mobile du Puy-de-Dôme, nommé Fonvielle, originaire, je crois, d'Isserteaux ; il avait été frappé, m'a-t-on dit, d'une balle au ventre et n'a survécu que deux jours. On l'a enterré ce matin. Les pompiers de la localité ont escorté sa dépouille au cimetière.

On nous a dit que dans l'affaire de Coulmiers les mobiles de Clermont avaient seuls donné. Ceux d'Issoire et de Riom, paraît-il, n'étaient pas engagés. Ceux de Clermont se seraient distingués par une charge vigoureuse à la baïonnette. On s'attend à une affaire plus sérieuse encore peut-être entre Orléans et Paris.

Je ne sais combien nous resterons à Meung. Je suis séparé de ces messieurs, ce qui m'est un ennui ; mais comme j'ai pensé qu'il ne serait agréable pour aucun d'eux de demeurer ainsi en arrière et isolé, je me suis dévoué. Dans la vie que nous menons, il y a d'ailleurs matière à plus d'un sacrifice. Mais que sont tous ces petits riens, auprès des grandes douleurs que nous avons autour de nous ? La vue de tant de blessures plus affreuses les unes que les autres n'est pas la moindre de mes peines. Mon courage n'a pas trop défailli jusque-là. Priez Dieu qu'il se soutienne et que je contribue de mon mieux, pour ma part, au soulagement de tous ces malheureux. La plupart supportent leur mal avec une grande énergie. On les aime vite, quand on les voit tant et si patiemment souffrir.

Ces messieurs vous écriront sans doute bientôt d'Orléans ou même d'Arthenay, où ils se proposent d'aller. Nous ne désespérons pas d'arriver ainsi à Paris. Plaise à Dieu que ce ne soit pas une témérité et une présomption! Nos derniers succès ont redonné des forces ici à tout le monde.

Mes amitiés à M. Greliche, à l'abbé Sadot et à sa famille, à ceux que vous savez s'intéresser à moi.

M. le Supérieur vous recommande de donner de nos nouvelles à l'évêché et à la cure de la cathédrale.

Voici nos étapes, à partir de Blois: La Chapelle-St-Martin, Villetard, Mer, Beaugency, Meung, Orléans.

J. Randanne,
missionnaire dioc.

Orléans, 21 novembre 1870.

Cher ami,

Je profite d'un moment de liberté pour vous donner de nos nouvelles, dans l'incertitude où je suis si nos confrères vous en donnent; car nous sommes dispersés : MM. Randanne et Fouilhoux sont à Meung pour soigner les blessés de Baccon; M. le Supérieur est allé au camp avec M. Lhéritier; d'autres, à Neuville, chercher un local où l'ambulance pourrait s'établir si une affaire sérieuse venait à s'engager.

Nous sommes logés en ville, les uns ici, les autres là. Chacun a ses heures de service; mais je crois que nous ne serons pas longtemps dans cette ville, ou bien nous y serons bloqués, si malheureusement il y a déroute.

Nos mobiles sont en avant de Cercottes, du côté d'Étampes, et ils forment l'arrière-garde ; mais l'arrière-garde, par suite de mouvements imprévus, peut se trouver aux avant-postes.

Lucien Croze est toujours dans le même état : la balle à la cuisse n'a pas encore été extraite.

Nous avons un peu transformé notre costume, qui était moins que convenable. Nous nous habituons à notre mission.

Vous pouvez adresser vos lettres rue Bannier, 111. C'est là que nous avons déployé notre oriflamme. Vous pouvez nous écrire aussi par l'intermédiaire du Comité : vos lettres iront bien à Orléans ; mais après ? Après, d'autres moyens de communication sans doute seront créés.

Rassurez nos connaissances sur notre compte, et agréez l'expression bien sincère de mon amitié.

Ossedat,

p. m.

IV

L'ambulance du Puy-de-Dôme à Orléans (1)

Le *dimanche soir, 4 décembre*, le canon se fait entendre du côté de la ligne du chemin de fer. Celui des ennemis est à une certaine distance. Des engagements ont lieu dans le faubourg Bannier. Il nous arrive des blessés dans un état affreux. Le sergent Bardin, d'Enraigues (2), a le bras broyé et vomit du sang. Il peut se confesser et meurt le lendemain.

Les Prussiens entrent à Orléans à 2 heures de la nuit. Ils s'emparent des maisons et font

---

(1) Sous ce titre, nous insérons ici des notes écrites au jour le jour à Orléans par M. Chardon pendant le séjour de l'ambulance du Puy-de-Dôme dans cette ville.

(2) Chef-lieu de commune de l'arrondissement de Riom (Puy-de-Dome).

lever les gens pour se coucher dans leurs lits. J'ai conseillé à M. Bellaigue et à M. Pourcher de suivre leur bataillon, M. Chassaigne est parti aussi. Le lendemain, grand défilé de troupes et défilé plus grand encore d'artillerie. Les ponts sur la Loire sont rasés. Les rues et les boulevards sont jonchés de chassepots. Défilé des prisonniers : les zouaves surabondent. Au défilé, quelques mobiles du Puy-de-Dôme, en sortant de la ville, m'ont crié : « Nous voilà partis ! »

La cathédrale, d'abord remplie de prisonniers, a été ensuite livrée aux Prussiens qui y ont allumé des feux de bivouac. La fumée y obscurcit tout. Les nefs sont pleines de débris, de cadres brisés, de chaises à moitié brûlées.

A l'évêché on a imposé une grande ambulance prussienne. On n'a laissé à Monseigneur que sa chambre et sa bibliothèque.

M. Compte, logé chez M. Desnoyers, vicaire général, a eu la petite vérole. M. Desnoyers a mis sur sa porte : Ambulance, petite vérole. Les Prussiens ont mis la même inscription en allemand, et personne n'est entré. M. Compte, dans la fièvre, s'est agité beaucoup et a fait des plaintes amères, se croyant abandonné. Il a été admirablement soigné par la vieille domestique du vicaire général.

M. Desnoyers est un artiste qui a rempli ses appartements d'objets de prix. Il lui est agréable de n'avoir pas reçu la visite des Prussiens.

J'ai été délogé de la maison de M. le curé de St Paterne par les Prussiens et je suis allé coucher dans le foin. Après trois nuits, M. le curé est arrivé à me trouver un logement.

Nous sommes à la gêne depuis quelques jours. Il nous manque du bois et des vivres. Il fait froid dans les salles des malades. On est embarrassé, quand il faut leur préparer un peu de tisane. Nous avons mangé du cheval sans le savoir, le mercredi soir; nous pensions manger du bœuf.

Plusieurs choses m'ont été particulièrement désagréables durant ces deux jours: l'entrée d'un régiment prussien, le casque et la baïonnette ornés de lauriers ; la musique triomphale de l'ennemi ; le défilé de son artillerie ; le nombre de ses fourgons ; ce que j'entends dire de la facilité avec laquelle certains officiers de mobiles se seraient rendus prisonniers.

Notre ambulance du Puy-de-Dôme est la seule qui soit restée au complet. Nous nous en félicitons et nos blessés s'en réjouissent. Ils se sont tous confessés par reconnaissance d'avoir échappé à la mort, après l'avoir vue de si près.

Il est mort un jeune mobile de Maine-et-Loire, Charles Choisot, qui avait le bras droit et deux côtes brisés. Il m'a confié la petite somme d'argent qu'il avait. Je dois écrire au curé de sa paroisse aussitôt que nous aurons la liberté. Il a été très édifiant. Je lui ai administré l'Extrême-Onction et j'ai récité à son chevet les prières des agonisants. Le même jour, on a déposé à l'ambulance le corps d'un officier prussien.

Il me semble que, dans les dernières batailles, les Prussiens ont eu beaucoup plus de blessés que nous.

Depuis dimanche, nous ne savons rien de ce qui se passe au dehors.

Le curé et l'adjoint de Meung ont été conduits prisonniers à Orléans parce qu'ils avaient laissé tirer du clocher. Il y a eu un combat à Meung. Les Français ont continué de reculer, faisant beaucoup de mal à l'ennemi.

Les magasins d'Orléans sont presque tous fermés. Plusieurs ont effacé leur enseigne. Qu'on n'accuse pas Orléans de sympathie pour les Prussiens ; mais qu'on ne félicite pas ceux-ci de gâter les Orléanais par leurs prévenances !

Presque tous nos blessés ont peur d'être envoyés prisonniers en Prusse. Je crois qu'ils n'ont rien à craindre et je les rassure.

Dès leur entrée dans la ville, les ennemis ont fait des réquisitions énormes de pain, de vin et de charcuterie. Des hôtels, qui avaient fait des profits lors de la première occupation, sont ruinés cette fois.

Un sergent-major de mobiles, blessé, avait chargé un intermédiaire de me remettre sa montre. On ne sait plus dans quelle ambulance il a été déposé ; mais la montre ne m'est point parvenue.

Les Prussiens font courir le bruit que l'armée de Bourbaki a été anéantie et que Ducrot est bloqué dans Versailles.

Les délégués du sous-comité de Riom espèrent obtenir demain matin un sauf-conduit pour sortir du cercle et s'en aller. Je doute qu'ils puissent réussir.

Beaucoup d'habitants d'Orléans sont dans la détresse et manquent de pain. Quand on a porté des morceaux de pain aux prisonniers, les Prussiens les leur ont jetés, de loin, au milieu des groupes, comme à des bêtes.

... M. Ducroix (1) étant allé trouver le duc de Meklembourg, logé à l'hôtel d'Orléans, pour lui demander un laisser-passer permettant d'aller chercher des blessés à Cercottes, le duc lui a dit que si le froid continuait à être si rigoureux, les Prussiens iraient dans le Midi.

---

(1) Médecin en chef de l'ambulance.

Parmi les blessés qui ont le plus souffert dans notre ambulance, je cite le sergent Bardin, Chogot, qui avait deux côtes brisées, un mobile de la Gironde qui avait une jambe coupée au mollet, un soldat qui avait un bras broyé et qui était trop faible pour subir l'amputation. Quelles effroyables souffrances ! De courts instants de sommeil en interrompaient à peine la continuité. C'est ici qu'il faut voir ce qu'est la guerre !

Aujourd'hui *jeudi, fête de l'Immaculée Conception*, j'éprouve je ne sais quel vague espoir. *In spem contra spem.*

Vendredi. — On assure que, contrairement au bruit répandu hier, le prince royal n'a pas passé à Orléans.

M. le curé de Saint-Paterne a enfin découvert, par un agent de la police prussienne, M. le curé de Meung prisonnier et a obtenu son élargissement et celui de l'adjoint. — Un régiment de gendarmes a défendu Meung à outrance. La moitié du village a été brûlée.

Ce matin, à dix heures, les protestants font

la Cène dans l'église de Saint-Paterne. Elle devait avoir lieu hier. Ils l'ont renvoyée à cause de la fête de l'Immaculée-Conception, qu'ils savent être chère aux catholiques. On a retiré le St-Sacrement après la messe. Encore une dure nécessité qu'il a fallu subir !

M. Léonard, délégué par l'Irlande pour porter des secours aux blessés, était logé à l'évêché. Les Prussiens l'en ont chassé et Monseigneur l'a envoyé au curé de St-Paterne. Celui-ci, après deux nuits, que j'ai passées dans un grenier à foin, et une, à la salle de garde, m'a trouvé un logement chez une dame de sa paroisse.

Je suis allé ce matin acheter des pipes pour les blessés qui en manquaient. On m'en a donné gratis une vingtaine. J'ai acheté aussi pour eux un peu de chocolat que j'ai payé fort cher.

Les Prussiens sont intraitables. Pour se chauffer, ils mettent quinze bûches dans la cheminée et les placent verticalement. — « Tout de suite du feu, madame, tout de suite du feu ». — « Le bois fume horriblement ». — « Nous vous donnons un quart d'heure pour trouver du bois qui ne fume pas » — « Mais c'est la cheminée qui fume » — « Eh bien, nous vous donnons un quart d'heure pour empêcher la cheminée de fumer ». « Le dîner, madame, dans une heure » ! — « Mais il est deux heures après minuit, et nous n'avons rien » — « Trouvez quelque chose ». — Et un moment après : « Le dîner ne sera pas bientôt prêt ? Nos estomacs sont impatients ». Treize sont déjà installés. Il en arrive de la mairie encore huit. La dame adresse des plaintes à un officier qui répond : « Faites-moi le plaisir, madame, de fermer la porte et de ne plus m'ennuyer ».

Samedi. — Mgr Dupanloup n'a pas voulu demeurer prisonnier dans son palais. Il l'a quitté et s'est retiré chez M. Dubois d'Angers.

Le canon a grondé toute la journée dans la direction de Meung. Des blessés, des blessés, toujours des blessés ! Le pain va manquer à Orléans et la famine s'ajouter à tant de misères.

Les ennemis ont renvoyé les blessés français du grand séminaire pour en faire une ambulance exclusivement prussienne.

Il paraît que les Bavarois ont été hachés dans les derniers engagements. Il y en a qui errent dans Orléans, l'air souffrant et suppliant.

MM. Pireyre, Garde et Randanne ont ramené de Meung un certain nombre de blessés français et un blessé prussien.

M. Léonard a obtenu un sauf-conduit pour Versailles et pour l'Angleterre. Sa mission, en quittant l'Irlande, était de distribuer de l'argent, de concert avec Mgr d'Orléans. Il y a eu cinq cents francs pour notre ambulance. Cet Irlandais est un homme vénérable et plein d'ardeur pour le bien.

Dans la matinée, je suis allé dans une ambulance, dont prennent soin MM. Viallis et Chantelauze. J'y ai causé longtemps avec les malades, qui sont fort contents de leurs médecins. — Je suis allé ensuite dans trois petites ambulances établies dans des maisons de la rue Bannier. Là j'ai confessé plusieurs blessés. Ils se seraient confessés tous, si, dans une chambre, les maîtres de la maison ne m'avaient pas fait la politesse de me tenir compagnie tout le temps.

Le soir, je suis allé dans le faubourg Bannier visiter de petites ambulances et voir si elles avaient médecins et aumônier. Il y avait un nombre suffisant de médecins dans les trois maisons où je suis entré. Dans deux, on n'avait pas encore vu de prêtre : j'y ai entendu des confessions. Parmi les blessés se trouvait un nommé Chaput, de St-Anthême, soldat rappelé, qui connaît beaucoup M. Fougerouse.

Dimanche. — J'ai visité les salles et fait connaissance avec les nouveaux blessés.

Hier, dans une ambulance, un monsieur m'a dit que, dans une ferme qui lui apppartient, et qui est à un kilomètre plus loin que Gidy, il vient de voir dix prussiens qui sont sans secours et qui meurent de faim ; l'un d'eux semble blessé à mort. Il y avait aussi un français ; mais il a été transporté ailleurs

Hier, j'ai vu, chez les sœurs de St-Aignan, un blessé qui me semblait assez souffrant. Je lui ai dit : « Vous n'êtes pas blessé bien gravement ». Il m'a répondu : « J'ai une jambe de moins; on me l'a coupée au-dessus de la cheville. On m'avait endormi; quand je me suis réveillé, j'ai senti que les nerfs tiraient; mais la douleur n'a pas été bien grande et j'éprouve les mêmes sensations que si j'avais mon pied ». Dans cette même ambulance, j'ai vu un soldat qui a les deux pieds gelés.

Ce qui frappe dans les Prussiens logés chez des particuliers, c'est leur gloutonnerie, leur malpropreté, leur rudesse, et, en plusieurs, leur amour du pillage et du vol. — Ils arrivent dans une maison, commandent impérieusement un dîner pour quatre; bientôt il en vient huit, et il faut apprêter un nouveau repas. Des fourgons, chargés d'objets précieux, qu'on avait précédemment enlevés aux Prussiens, avaient été laissés sous la halle, sans qu'on les eût ouverts. Les Prussiens ont pu les reprendre tels qu'on les leur avait enlevés. De la part de l'administration orléanaise, c'est une incurie un peu excessive.

J'ai assisté au pansement des blessés à St-Aignan. Il y en a eu de bien douloureux. Il y a eu des cris déchirants quand on sondait les blessures. Pendant ce temps, plusieurs malades se tordaient d'effroi et se cachaient le visage sous leurs couvertures. M. Viallis et M. Chantelauze travaillent beaucoup et on ne peut plus consciencieusement. Ils sont aimables et doux pour leurs malades. Un petit Parisien de 18 ans, engagé, a les deux bras traversés par une balle. Il m'a dit: « Quoi qu'on me fasse, je ne crie jamais. Le chirurgien assure qu'il n'en a pas rencontré comme moi. Vous allez voir, quand ce sera mon tour ». Et, en effet, il est demeuré silencieux et impassible.

Que de misères réunies! Les uns ont les mollets, le dos, les cuisses traversés par des balles ; d'autres, les bras, les jambes, les pieds broyés ou emportés par des éclats d'obus. Quelques-uns ont le visage mutilé, défiguré, sanglant; plusieurs ont été atteints par des projectiles qui sont entrés si avant dans les chairs ou les os qu'on n'a pas encore pu les extraire.

En revenant de St-Aignan, je suis entré au grand séminaire. Il n'y avait que quelques séminaristes qui soignaient des Prussiens, et M. Caduc (1), qui ne m'a pas reconnu. Quand je lui ai dit que j'avais été élève à St-Sulpice et qu'il nous avait donné une petite retraite d'ordination pendant les vacances, il a cru se rappeler cette circonstance et a semblé préciser ses souvenirs... Nous sommes allés ensemble à Sainte-Croix pour une cérémonie. Il y avait plus de Prussiens que de Français, ceux-ci étant obligés de rester dans leurs maisons envahies. Les assistants étaient pour la plupart protestants : car au moment de la bénédiction ils n'ont donné aucune marque de respect. On a chanté en leur présence le psaume : *Deus, in nomine tuo salvum me fac...*

Les nouvelles qui nous arrivent ne sont pas

---

(1) M. Caduc, directeur au Séminaire de St-Sulpice, à Paris.

bonnes. L'armée de la Loire aurait été encore une fois défaite pour avoir donné trop vite et avant l'arrivée de l'armée du Mans. Un officier allemand disait cela et ajoutait que l'armée de Bretagne est une véritable armée. Il racontait aussi que l'armée de Bretagne aurait fait des sorties très brillantes, mais sans résultat pour l'ensemble. Les Prussiens prétendent que, quand viendra le moment de faire la paix, s'il vient, ils garderont l'Orléanais.

Ce matin un monsieur m'a abordé dans l'église et m'a manifesté l'embarras de sa femme et de sa fille qui voudraient assister à la messe, mais qui ne peuvent abandonner leur maison livrée aux Prussiens. Je lui ai répondu : « Dites-leur qu'en pareille circonstance elles peuvent se contenter de prier Dieu chez vous et ne pas assister à la messe ».

Lundi 12 *Décembre*. — Il fait moins froid que les autres jours. Il tombe un peu de neige et il dégèle.

Au retour de l'église, je rencontre M. Léonard. Il vient de l'évêché. Il a parlé à Mgr

Dupanloup de l'ambulance du Puy-de-Dôme et lui a annoncé notre visite pour demain.

A diverses reprises j'ai procuré à nos pauvres blessés du tabac, des pipes, des allumettes, du chocolat, du sucre. S'ils étaient moins nombreux, je continuerais ; mais je ne le puis.

J'ai fait le tour presque complet de la ville, le soir, avec M. Girard. Toute l'artillerie des Bavarois est rangée sur le boulevard. Elle occupe un grand espace. Les fourgons abondent. Quelques canons sont démontés. Les Bavarois sont rentrés en ville et semblent devoir y rester quelque temps en repos.

Le soir, nous avons eu à souper un aumônier bavarois qui ira loger chez un des vicaires. Il comprend peu le français et ne le parle pas du tout. Ils sont, nous dit-il, cinq aumôniers bavarois dans l'armée. Vers la fin du repas, un second arrive, pâle, la figure large, presque dépourvue de barbe. Il ne prononce pas bien le français ; mais il le comprend et le fait aisément comprendre. En arrivant dans la maison où il devait être logé, il a été reçu, nous a-t-il dit, dans une mauvaise chambre où il y avait des couvertures et des matelas dont s'étaient servis les soldats. Une vieille domestique lui a dit qu'il n'y avait pas de meilleur appartement. « Je regarde, dit-il, je vois une porte, je l'ouvre : voilà une jolie chambre. Je m'écrie: voilà ma chambre. Aussitôt elle se met à pleurer à grosses larmes. Je lui demande à dîner : elle me répond qu'il n'y a rien. Les Français ne sont pas francs. J'ai décliné alors ma qualité de prêtre, qu'elle ne soupçonnait pas ». Je le crois bien ! Cet air de marchand de parapluies, ce pantalon marron, ce cigare qui ne disparaît que pour faire place à un autre, tout cela, au moins pour nous Français, ne laisse pas soupçonner un prêtre.

Cet aumônier nous dit qu'il arrive à Orléans avec son Corps d'armée, qu'il a assisté à toutes les batailles, qu'il y a eu des engagements tous les jours du 1er au 10, armistice le 11 pour recueillir les blessés et les morts, mais qu'on doit se battre encore le 12, toujours sur la rive droite de la Loire, en avant de Blois. Les

Français auraient eu un grand nombre de blessés ; les Bavarois, 3.000.

Notre narrateur ajoute : « Napoléon et Guillaume voulaient l'un et l'autre la guerre, et ni Prussiens ni Français n'ont bien connu leurs projets. Il faudrait que les Français cédassent tout : car les Prussiens sont décidés à aller jusqu'aux dernières extrémités ». J'ai dû faire observer que les Français n'auraient qu'à céder la France, que tout se trouverait ainsi simplifié. Il a répliqué que dès le commencement il aurait fallu céder tout ce qui parle la langue allemande. Avant tout combat, cela aurait été bien étrange, en vérité ! Il a dit encore que la guerre est une chose horrible pour les Allemands comme pour les Français, qu'il a trouvé, dans la petite basse-cour d'une ferme, seize cadavres de soldats bavarois. Il pense que la guerre ne peut se terminer que sous Paris...

Mardi 13 Décembre. — A une heure, M. Ducroix et moi allons faire à Mgr Dupanloup la visite annoncée.

Nous entrons dans la cour de l'évêché.

Toutes les portes sont occupées par des groupes de cinq ou six Prussiens.

A gauche nous voyons une petite porte donnant sur une cour où se promènent des frères de la Doctrine chrétienne et des enfants. Nous demandons M. Lagrange. On nous dit : « Le voici, au bas de cet escalier ». M. Lagrange prenait congé de quelques messieurs. Il nous introduit dans le cabinet de travail de Monseigneur. C'est une bibliothèque, dont les murs sont couverts de livres, du plancher au plafond. Mgr avait sur les épaules une couverture en laine, teinte jadis en violet, mais d'une couleur maintenant incertaine. M. Léonard, qui était auprès de Sa Grandeur, nous a fait connaître. Mgr nous a serré très affectueusement la main et nous a dit quelques mots aussi simples que possible. Il savait comment était composée notre ambulance et ce qu'elle avait fait. Il m'a demandé des renseignements sur la résidence des missionnaires diocésains à Clermont, nous a félicités de notre expédition. Je l'ai prié de me permettre de lui conduire nos prêtres infirmiers et il m'a répondu qu'il aurait le plus grand plaisir à les voir. J'ai ajouté que si Mgr de Clermont avait prévu que j'aurais l'honneur de voir l'Évêque d'Orléans, il m'aurait chargé de lui offrir l'expression de son admiration et de son affection ; car il n'y a pas de Français qui n'éprouve ces sentiments. Quand j'ai prononcé le mot : « admiration », Mgr a dit : « Ce n'est pas tout à fait cela ; mais il est bien temps de nous aimer beaucoup ». Il nous a dit que les Prussiens l'avaient fait prisonnier en mettant des sentinelles à toutes ses portes, mais qu'il leur avait dit sèchement de dures vérités et que depuis lors ils ne lui adressaient plus la parole. Il nous a appris que Frédéric-Charles, en huit jours, a dépensé à la ville 30.000 francs pour ses dîners, que le champagne y a été pour une grande part. Il a recommandé à M. Ducroix de parler toujours librement, s'il venait à avoir quelque chose à demander au commandant de place pour l'ambulance, assurant qu'il avait des chances d'être écouté seulement à cette condition. Quand nous avons pris congé, il nous a de nouveau serré chaudement la main. Durant cette conversation, dans la même salle, se tenaient trois autres groupes, de quelques personnes chacun, qui causaient.

En sortant de l'évêché, je suis entré au grand séminaire ; j'y ai vu M. Leclercq (1), qui a été très affectueux. M. le Supérieur m'a paru bien attristé, non pas de ce qui se passe dans sa maison, mais de ce qui se passe en France. La pensée des blessés abandonnés le navre. — Il m'a dit que trente officiers, installés à l'évêché, demandaient un menu fixé pour leurs repas. Dès le premier jour, ils ont réclamé 15 bouteilles de champagne. On leur a répondu qu'il n'y avait pas de ce vin à l'évêché. On leur a trouvé en ville un vin excellent qu'ils ont dédaigné parce qu'il n'était pas du champagne. Le lendemain, M. Bougaud (2) a

---

(1) Directeur au séminaire de Montferrand avant de le devenir au séminaire d'Orléans.

(2) M. Bougaud, vicaire général de Mgr l'évêque d'Orléans, mort évêque lui-même de Laval.

pu trouver les 15 bouteilles. Les officiers lui ont dit que c'est 30 bouteilles, non plus 15 qu'ils veulent maintenant. Je ne connais pas la suite de l'incident.

Mercredi 14 *Décembre* 1870. — Ce matin j'ai écrit des notes sur la journée d'hier.

M. Branchereau (1) doit venir voir un des blessés de Maine-et-Loire. Mais voici que je constate que le jeune homme auquel il s'intéresse, Pichery, est mort depuis trois jours.

Les premiers prisonniers ont excité une grande sympathie et beaucoup de compassion. Peu à peu ces sentiments se sont amoindris : si un certain nombre de ces prisonniers ont fait leur devoir, d'autres se sont livrés pour ne pas combattre. On ne dit pas de bien des zouaves volontaires.

Un grand embarras existe dans les ambulances. On ne sait que faire des convalescents, qui commencent à sortir des salles, et qui, si on les renvoie, deviendront prisonniers.

---

(1) Supérieur du grand séminaire d'Orléans.

Jeudi 15 Décembre 1870. — Je n'ai pas pu dire la sainte Messe, l'église de Saint-Paterne étant occupée par 650 prisonniers. — Il y a tant de gens chez M. le curé de Saint-Paterne, Français ou Prussiens, blessés ou bien portants, qu'il me semblerait indiscret d'y aller encore.

M. Garde (1) arrive de Beaugency et nous raconte les horreurs commises par les Allemands. Un certain nombre d'obus ont été lancés dans la ville ; il en est tombé un sur l'autel de la chapelle des sœurs. Dans l'ambulance Gimet, un infirmier a eu les deux jambes broyées; on l'a amputé et il est mort. Le maire est demeuré prisonnier quelque temps, parce que les réquisitions n'aboutissaient pas assez promptement. — M. Fayolle, revenu de Neuville, est reparti. Il a fait deux amputations, l'une à un homme, l'autre à une femme qui avait eu le pied broyé et son enfant tué à côté d'elle par un éclat d'obus. — M.

---

(1) Médecin, membre de l'ambulance du Puy-de-Dôme.

Randanne est malade. — M. Compte n'est pas sorti de sa chambre. — Martron (1) a la variole et une fièvre très forte. — M. Porrat est allé à Meung ou à Beaugency trouver le prince Frédéric-Charles pour lui demander, je crois, un sauf-conduit. Les Prussiens se sont emparés de la voiture pour conduire deux officiers français blessés. Elle a d'ailleurs été rendue à Orléans. M. Porrat est revenu sur la voiture d'un boucher.

Vendredi 16 *Décembre* 1870. — Dans la journée nous avons eu trois morts à l'ambulance. Tous ont conservé leur connaissance jusqu'à la fin et se sont bien préparés.

On parle de la situation politique et on se querelle. Beaucoup regardent comme certaine la retraite de Gambetta, sa fuite en Amérique, l'arrivée de M. Thiers à la présidence de la délégation transférée à Bordeaux...

On annonce que le général d'Aurelles a été destitué par Gambetta, qu'un nouveau plé-

---

(1) Un des domestiques de l'ambulance.

biscite de Paris a demandé la guerre à outrance.

Samedi 18 *Décembre* 1870. — Aujourd'hui à midi expire le délai accordé aux Orléanais pour le paiement d'une contribution de 600.000 francs. L'anxiété est générale, — M. Ducroix cherche de toutes parts en ville des places pour les blessés, afin de préparer le départ de l'ambulance.

G. Chardon.

V

Liste des blessés soignés dans l'ambulance du Puy-de-Dôme, à Orléans, et adresses de leurs parents (1).

Noms des blessés

1. — Brossier Antoine, de Saint-Etienne, (Loire); blessé au bras droit, au-dessous du coude, à Arthenay, le 2.

2. — Pécoil Pierre, d'Issoire; blessé à Arthenay, le 2, à la cuisse et au coude.

3. — Gohier Jean, de Turin; blessé à Orléans le 4, à la jambe.

4. — Musette Cyrille; cuisse cassée, à Neuville, le 24; de la Celle-sur-le-Bié.

Adresses des parents

M. Brossier Antoine, rue Ste-Marthe, 4, à St Etienne, Loire.

M. Pécoil Victor, rue d'Ambert, à Issoire, Puy-de-Dôme.

M. Jean-Baptiste Gohier, à Lainé, Turin, Piémont.

M. Jean Musette, à La Celle-sur-le-Bié, canton de Courthenay, Loiret.

---

(1) La liste que nous reproduisons ici a été faite par M. Chardon. Elle n'est pas complète. — Les adresses des parents y étaient indiquées afin de permettre aux prêtres de l'ambulance de correspondre avec les familles des blessés.

5. — Genet Pierre, de St-Jean-de-la-Porte, blessé le 2, à Arthenay, au bras et au côté gauches.

M. Jean Marie Prière, à St-Jean-de-la-Porte, canton de St-Pierre-d'Albigny, Savoie.

6. — Roulin Armand, blessé à la cuisse, le 3, à Gidy; de Fresnay, Sarthe.

M. Roulin François, à Fresnay, Sarthe.

7. — Dufour Jean-Marie, blessé à la cuisse, le 2, à Arthenay.

Madame Dufour, 4, rue Séjour, à Nantes.

8. — Eguier, de Toulon, blessé à l'épaule, le 2, à Arthenay.

M. Antoine Eguier, La Seyne, quartier Notre-Dame, à Toulon, Var.

9. — Prat Jean, d'Issoire, malade.

M. Sébastien Prat, ancienne route de Brioude, à Issoire, Puy-de-Dôme.

10. — Nille Jean, blessé au côté gauche, le 2, à Arthenay.

M. Nille Nicolas, petite Villette, rue de Bourée, Paris.

11. — Jabot Guillaume, d'Orcines ; maladie aux jambes.

M. Julien Jabot, chez Mme Vve Ginet, à Chanat, Puy-de-Dôme.

12. — Lacroix Gilbert, de Blot-l'Église, fièvre typhoïde.

M. Michel Lacroix, au village de Lacroix, à Blot-l'Église, Puy-de-Dôme.

13. — Cerizolles Augustin, blessé dans le dos par un éclat d'obus, à Cercottes, de Cholet.

M. Cerizolles, rue du Commerce, à Cholet, Maine-et-Loire.

14. — Soulier Louis,

M. Soulier Louis,

blessé, le 2, à Arthenay, à la main gauche, amputation de deux doigts.

15. — Jouffroy Pierre, blessé le 2, à Arthenay, au coude.

16. — Narcy Jean-Pierre, maladie aux pieds.

17. — Pichery Pierre, blessé à la cuisse, le 3, à Cercottes.

18. — Choisot Charles, le bras droit et deux côtes brisés, à Cercottes, le 3.

19. — Roy Marc, bras droit broyé, à Cercottes, le 3.

20. — Démoulin Arnould, une épaule démise.

21. — Alory René, blessé au bras droit, le 3, à Cercottes.

22. — Tixier Etienne, légèrement malade.

23. — Somier Arthur, blessé au-dessus du genou, à Cercottes.

24. — Narrans Paul,

mécanicien à Chattes, canton de St-Marcellin, Isère.

M. Jouffroy Jean, à Juliac, canton de Segonzac, Charente.

Mme Vve Marie Narcy, à Metz-le-Comte, canton de Tannay, Nièvre.

M. Pichery, au moulin de Montetry, commune de Gallais, canton de Beaupréau, Maine-et-Loire.

M. Choisot Toussaint, à Beaufort-en-Vallée, canton de Baugé, Maine-et-Loire.

M. Roy Martin, à Landant, canton de Pluvigner, Morbihan.

M. Démoulin, à Outrecourt, Ardennes.

M. Louis Alory, à Corzé, Maine-et-Loire.

M. Tixier-Laborde, à Decize, Nièvre.

M. Auroy, 30, b^d St-Michel, à Paris.

M. Narrans, à Vil-

blessé aux deux mollets, à Cercottes.

25. — Rochette Romain, blessé à l'index de la main droite.

26. — Brunet Amant, bras droit traversé par une balle, le 4, à Orléans.

27. — Gambe Théodore, blessé au bras droit, à Cercottes.

28. — Baccaris Auguste, blessé à l'index de la main droite, à Cercottes.

29. — Dauphin Théodore, blessé à la jambe droite, à Orléans.

30. — Thome Pierre, de Mirefleurs, Puy-de-Dôme ; crachement de sang.

31. — Dissard Pierre, de St-Genès-la-Tourette ; mal aux pieds.

32. — Messemain, blessé à l'épaule, à Cercottes.

33. — Parrat Camille, blessé à la main droite, à Arthenay.

34. — Delmas Jean, blessé à la jambe, à Orléans.

laudrant, Gironde.

M. Rochette Toussaint, de Pont-de-Soleymieux, canton de St-Jean-Soleymieux, Loire,

M. Tanne Amant, à Valincourt, près Cambrai, Nord.

M. Gambe Alexandre, au May, canton de Beaupréau, Maine-et-Loire.

M. Baccans Jean, à Fargue, canton de Créon, Gironde.

Mme Vve Dauphin, à Cieutat, canton de Bagnères-de-Bigorre, Hautes-Pyrénées.

M. Thome Antoine, à Mirefleurs, Puy-de-Dôme.

M. Dissard Jean, à St-Genès-la-Tourette, Puy-de-Dôme.

M. Baudure, à Bénissons-Dieu, canton de Roanne, Loire.

M. Parrat, hôtel de Paris, à Riom, Puy-de-Dôme.

M. Delmas, à Pinsalons, Meissac.

35. — Morange Louis, blessé au bras gauche, à Orléans. — M. Morange Pierre, aux Granges, Rochefort, Puy-de-Dôme.

36. — Cavé Victor, blessé à Arthenay, à l'œil et à la jambe. — M. Cavé Victor, à Bejou, canton d'Athis, Orne.

37. — Pithou Joseph, blessé au-dessous du pied, à Orléans. — M. Pithou Pierre, à St-Quentin, canton de Montrevaux, Maine-et-Loire.

38. — Calègne Jean, blessé au bras et à la jambe, à Cercottes. — M. Calègne Jean-Pierre, à Balzac, canton de St-Symphorien, Gironde.

39. — Lengaill Pierre-Marie, caporal, blessé à la cuisse, à Patay. — M. Lemat Auguste, tailleur de pierres, à St-Pol-de-Léon.

40. — Marchal Louis, blessé au bras, à Patay. — Mme Vve Marchal Catherine, à Reneyre, Gard.

41. — Verlac Jean, blessé à la tête, à Patay. — M. Verlac, à Tulle.

42. — Piquenot, brigadier fourrier aux chasseurs d'Afrique, blessé à la tête, à Ormes.

43. — Nubéral Joseph.

44. — Chermette François-Joseph, blessé à la tête de plusieurs coups de sabre, à Ormes. — M. Claude Chermette, à Valsonne, canton de Tarare, Rhône.

45. — Milon René, du départ. de Maine-et-Loire.
46. — Delahaie François, id.
47. — Bottier Joseph, id.
48. — Namon Joseph, id.

APPENDICE 209

49. — Gaimard René, du dép. de Maine-et-Loire.
50. — Nays François, de Barbézieux, Charente.
51. — Lecomte Pierre, de Montfaucon, Maine-et-Loire.

VI

Lettre de Mgr Louis-Charles Féron, évêque de Clermont, à son Éminence le cardinal archevêque de Besançon, relativement à l'ambulance du Puy-de-Dôme (1).

Clermont, le 22 janvier 1871.

Évêché
de
Clermont

Monseigneur,

Veuillez me permettre de vous adresser ces quelques lignes au milieu des grandes tribulations qui entourent sans doute votre Éminence, comme beaucoup d'autres vénérables évêques.

C'est à l'occasion de notre ambulance du Puy-de-

---

(1) Cette recommandation ne servit pas à l'ambulance, qui, arrivée à Lyon, se trouva dans la nécessité de rejoindre l'armée de l'Est par Genève et la Suisse et de ne point passer à Besançon.

Dôme que j'ai l'honneur de vous écrire, Monseigneur, afin de vous en donner, s'il était nécessaire, une opinion excellente et bien méritée. Après avoir été contrainte de revenir ici, elle repart demain, heureuse de pouvoir donner, dans l'armée du général Bourbaki, qui se trouve dans le voisinage de Besançon, de nouvelles preuves de son admirable dévouement.

Cette ambulance purement volontaire, établie et entretenue par la générosité de mes diocésains, date des premiers mois de notre malheureuse guerre et a rendu déjà des services considérables dans les armées de la Loire. Elle se compose d'un personnel nombreux : quelques-uns de mes prêtres les plus dévoués, comme aumôniers ou infirmiers, des séminaristes, des chirurgiens et des étudiants en médecine en font partie.

Si mes prêtres peuvent avoir la consolation d'offrir leurs hommages à votre Éminence, ils n'y manqueront pas, j'en suis sûr, et je vous prie, Monseigneur, de vouloir bien les bénir, et aussi les jeunes médecins, qui jusqu'à présent ont fait bon ménage avec les médecins de l'âme.

Les ecclésiastiques sont placés sous la direction du Supérieur de mes Missionnaires diocésains, membre de mon Conseil épiscopal.

Permettez-moi de profiter de cette circonstance, Monseigneur, pour vous renouveler l'hommage des

sentiments profondément respectueux et dévoués avec lesquels je suis, depuis de longues années,
De Votre Éminence
Le très humble et très sincère serviteur.

Louis-Charles,
† Ev. de Clermont.

VII

Lettres écrites par les prêtres infirmiers à M. l'abbé Fougerouse pendant leur seconde campagne.

Genève, 31 janvier 1871.

Cher ami,

Arrivés à Genève dimanche soir, nous en repartons aujourd'hui pour Neufchâtel et sans doute pour Pontarlier. Nous vous écrirons de nouveau alors. Pour le moment, nous n'avons rien de curieux ni d'édifiant à vous mander. Nous nous sommes mortellement ennuyés à Lyon et nous commencions à le faire à Genève. Ces lenteurs n'étaient pas notre fait. Enfin un télégramme du Comité est venu fort heureusement nous délivrer en nous dirigeant en avant.

Un bonjour amical à MM. Pommeyrol et Saulze et à MM. de St-Sulpice. Tous les Séminaristes vont bien.

Tout à vous.

J. Randanne,
miss. dioc.

Neufchâtel (Suisse), 4 février.

Cher ami,

Nous revenons de la frontière Française (Les Verrières), où nous nous étions portés au secours de nos pauvres soldats. Nous sommes arrivés juste au moment où notre armée entrait sur le territoire suisse : c'était un bien douloureux spectacle, je vous l'assure. Nous avons passé toute la nuit dans la neige, cherchant à soulager comme nous pouvions ces malheureux soldats transis de froid, épuisés par la fatigue et la faim. On va maintenant interner toute cette armée en Suisse jusqu'à la paix et le consul français nous prie instamment de rester avec elle, surtout nous, les prêtres. Vous pouvez donc nous écrire à Neufchâtel, poste restante. Nous sommes avides de nouvelles de France, surtout depuis les derniers événements ; comment prend-on tout cela à Clermont ?

Je vous prierai de faire savoir par M. Sadot à Mlle Imbert que j'ai vu ce matin même son neveu Anatole, que l'on dirigeait avec bon nombre d'autres dans l'intérieur de la Suisse. Il allait très bien et m'a dit n'avoir besoin de rien.

Adieu, mon cher ami.

Tout à vous en N-S.

J. Randanne.

APPENDICE 215

Neufchâtel (Suisse), 11 février 1871.

Mon cher ami,

Votre lettre est venue fort à propos nous mettre au courant de ce qui se passe en Auvergne. Depuis quelque temps nous ne savions plus rien et nous avions besoin de ce petit résumé. Nous avons vu M. le curé de la cathédrale arrivant de Genève et allant à la recherche des mobiles du côté de St-Gall, à l'autre extrémité de la Suisse ; mais il était parti de Clermont depuis quelque temps et il n'avait pas les nouvelles qui concernent la Mission.

Voici maintenant ce qui se passe ici :

On a reçu successivement aux ambulances de Neufchâtel de douze à quinze cents malades, mais on a envoyé plus loin ceux qui étaient en état de supporter le voyage. Nous en avons encore de quatre à cinq cents, presque tous atteints du typhus. Il en meurt, en moyenne, cinq par jour. Nous en avons eu neuf seulement du Puy-de-Dôme. Deux sont morts, l'un, Joseph Giroin, d'Anzat-le-Luguet, et l'autre, Jean Chalaron, de Vic-le-Comte. Non seulement tous ceux qui sont en danger de mort, mais ceux mêmes qui vont de mieux en mieux, se confessent sans difficulté.

Il vient d'arriver un petit événement dont voici le résumé. Le chef des ambulances de Neufchâtel, un Zuricois, nommé Zimmer, nous a enjoint de n'aller dans les ambulances que de dix heures du matin à six heures du soir. Vu le nombre des malades et la gravité des maladies, cela est dur. Un soir où six malades venaient de perdre la parole (il est vrai qu'ils s'étaient déjà confessés), et où nous savions que plusieurs autres étaient exposés au même accident, nous avons violé sciemment la consigne et nous sommes rentrés à 8 heures. Le fameux Zimmer nous a rencontrés et nous a foudroyés de son mieux, disant qu'il n'entend pas qu'on vienne « embêter » ses malades. Nous n'avons rien répliqué. Le lendemain matin M. le Curé va demander les motifs de cette exclusion et ne reçoit que des injures. Il va trouver alors le commandant de place, qui lui dit poliment que tout s'arrangera. Or quelques heures après nous arrive une carte signée de ce même commandant de place, nous enjoignant de n'aller dans les ambulances que de dix heures à midi et de 2 h. à 4 heures. Il supprime ainsi la moitié du temps que nous avions l'habitude d'y passer.

Nous ne perdons pas une minute. Nous rédigeons une réclamation aussi énergique et serrée qu'il nous est possible de la faire, et nous la présentons au vice-consul de France à Neufchâtel, M. le comte de Drée. Celui-ci l'envoie à l'ambassadeur français à Berne, M. de Chateaurenard, qui la soutient devant le Conseil fédéral de Berne. Aussitôt arrivent des ordres supérieurs, qui révoquent comme contraires à la liberté de conscience les mesures prises contre nous, et nous donnent libre entrée dans les ambulances à toute heure du jour et de la nuit. Nous aurons désormais les coudées franches. On nous assure que le docteur terrible part ou qu'il est déjà parti. C'est tout ce qu'il peut faire de mieux.

Il faut vous dire que la confiance que nous témoignent nos soldats et l'affection qui nous unit à eux font ombrage d'une manière inconcevable à ces braves Suisses, qui donnent d'ailleurs de bons soins à nos malades. Quand nous sommes un certain temps au chevet de quelqu'un, il faut voir quels gros yeux nous font les docteurs et les dames infirmières. Dans les commencements, chaque fois que nous entendions une confession, ils venaient tous regarder et chercher à savoir ce qui se passait. J'ai dû leur dire : « Retirez-vous ; il y a là quelque chose de secret qui ne vous regarde pas ». Cela ne faisait que piquer davantage leur curiosité. Il n'y a presque plus de ces brochures dont les lits étaient absolument couverts. Il ne reste que les livres reliés. Je ne sais pas si on les lit. Ils n'attaquent pas directement le catholicisme et ne sont pas dangereux pour nos malades.

Les six infirmiers travaillent toujours beaucoup, de concert avec leurs collègues suisses. M. Fonlupt a été un peu fatigué depuis trois jours ; il va mieux aujourd'hui. Nous nous portons bien, malgré les bouffées de typhus que nous ne cessons d'avaler dans les ambulances. Les varioleux sont dans un établissement à part, hors de la ville; M. le Curé les visite tous les jours. Nous sommes dans une période de mortalité : ceux qui ont le tempérament un peu épuisé ne résistent pas. Ils ont de la fièvre, des points de côté, un grand embarras des voies respiratoires, leur tête se perd, leurs oreilles bourdonnent, leur langue se paralyse, ils agonisent et ils meurent. Quelques-uns cependant tombent simplement dans le délire et y restent sept ou huit jours avant de succomber.

Nos malades sont bien installés. Les lits sont commodes, les salles bien aérées ; ils ont tous les remèdes nécessaires ; mais ils manquent de beaucoup de choses accessoires, surtout quand ils sont sur le point de partir.

Madame la comtesse de Drée est une femme d'un zèle admirable et d'un grand dévouement pour ses compatriotes. Il y a ici des dames de Besançon, réfugiées depuis le commencement de la guerre, qui nous aident également beaucoup.

Les ministres nous abordent avec une politesse un peu réservée ; nous leur témoignons beaucoup d'égards. Ils ont parlé quelquefois dans les salles ou dans le temple encombré de malades, mais seulement sur la fraternité des peuples ou les aspirations vers l'Éternel. Quand on demandait à nos soldats s'ils étaient protestants, ils se mettaient tous à rire, pourvu qu'ils ne fussent pas trop malades.

Je pense que M. Saulze, si son état le lui permet, peut sans difficulté aller passer quelque temps à Mezel; mais il faut qu'il remplisse les fonctions de curé, non celles de missionnaire, afin de ne pas aggraver sa fatigue. M. le Curé de la cathédrale me dit que la conclusion de l'armistice avait fait mettre de côté les projets de l'abbé Pommeyrol : par votre lettre je vois qu'il n'en est rien.

La fatigue de M. Fouilhoux et de M. Ossedat sera peu de chose, à ce qu'il est aisé de voir maintenant; mais nous avons craint comme eux qu'il y eût dans leur indisposition le commencement de quelque maladie sérieuse. — Adieu.

G. Chardon.

VIII

A Monsieur le comte de Drée, vice-consul de France à Neufchâtel (1).

Monsieur le Comte,

Les soussignés, prêtres français, du diocèse de Clermont-Ferrand, aumôniers des ambulances internationales, ont l'honneur de porter à votre connaissance les faits suivants.

A la prière de M. l'abbé Berset, curé de Neufchâtel, nous sommes restés ici pour l'aider à donner les soins spirituels aux nombreux malades français.

Les permissions nécessaires nous ont été d'abord accordées gracieusement et sans restriction par M.

---

(1) Cette réclamation fut rédigée et écrite par M. Randanne.

Perrot, commandant de place ; mais peu après M. le docteur Zimmer, chef de l'ambulance des Terreaux, nous a signifié de n'avoir pas à nous présenter au lit des malades, si ce n'est de 10 heures du matin à 6 heures du soir.

Hier 10 février, nous avons cru devoir en conscience et malgré la restriction apportée faire une visite à l'ambulance après l'heure fixée : car nous avions laissé huit malades qui avaient perdu la parole ou la connaissance et plusieurs autres exposés aux mêmes accidents. Nous nous retirions à 7 heures et demie, lorsque nous fûmes abordés par M. le docteur Zimmer, qui nous dit : « Je suis étonné de vous rencontrer ici à cette heure. Je vous avais déjà dit que vous ne deviez pas y mettre les pieds, si ce n'est de 10 heures à 6 heures. Que cela n'arrive plus ! Je n'entends pas qu'on vienne *embêter* mes malades. C'est dit ».

Aujourd'hui, à 9 heures, M. le Curé étant allé demander les motifs de cette mesure, M. le docteur Zimmer s'est contenté d'invoquer les réglements, et de répéter ce qu'il avait dit déjà aux aumôniers, que, pour les cas graves, il les ferait prévenir.

Sur la remarque de M. le curé que plusieurs malades étaient morts sans qu'on eût prévenu pour aucun, il lui a été répondu par des injures : « Je n'entends pas recevoir des leçons d'un homme tel que vous. Il faut en finir avec cette manière de faire. »... Et comme M. le curé demandait si l'on avait à se plaindre des aumôniers : « Non, lui a-t-on dit ; mais, encore une fois, nous n'entendons pas qu'on vienne *embêter* nos malades ».

Sur ce, M. le Curé s'est rendu auprès de M. le Commandant de Place, qui l'a reçu poliment et lui a promis que la chose s'arrangerait. Mais quel n'a pas été notre étonnement, lorsque, à 11 heures, il a reçu l'avis suivant :

« M. Chardon, aumônier français et son aide, sont autorisés à visiter les malades du collège des Terreaux de 10 heures à midi, et de 2 heures à 4 heures du soir. Le docteur est chargé de les faire quérir de jour ou de nuit du moment où un malade réclamerait les soins religieux. Cette carte est délivrée sur la recommandation de Neufchâtel (sic).

Signé : L. Perrot,
lieut. col. commandant de Place.

Neufchâtel, le 11 février 1871 ».

Ainsi, monsieur le Comte, au lieu d'étendre notre liberté, comme nous pouvions l'espérer, on la restreint plus encore. Ce n'est plus que quatre heures, au lieu de huit, qu'on nous accorde.

Or, quand on a à donner à près de 400 malades les soins spirituels et les consolations suprêmes de la religion, désirées d'ailleurs et reçues par tous nos soldats avec tant d'empressement, quand on se trouve en présence de cette maladie cruelle du typhus, qui enlève si subitement la connaissance et la parole, le temps qui nous est laissé est absolument insuffisant. Car, vous le voyez, notre ministère ne se borne pas à dire à un malade quelques mots en passant ; il faut les préparer à une mort chrétienne par la réception des sacrements. Le temps qui nous est accordé est à peine le quart de ce qu'il faudrait pour cela. Il serait même à désirer que nous pussions nous succéder jour et nuit dans l'ambulance et qu'il y eût toujours l'un de nous auprès des malades.

Sera-ce pousser trop loin l'exigence que de demander, dans un pays de liberté comme la Suisse, un libre accès auprès de nos compatriotes et de nos coreligionnaires ? Cet accès est d'ailleurs réclamé par eux autant que par nous : car ils sentent que nous sommes pour eux les véritables représentants de la patrie et de la famille absentes.

Nous espérons, monsieur le Consul, qu'il suffira de vous avoir exposé des faits si contraires à la liberté de conscience et aux lois de l'hospitalité pour en obtenir le redressement immédiat.

Veuillez croire que cette réclamation nous coûte d'autant plus que la Suisse s'est montrée jusqu'ici admirable de charité et de dévouement pour nos malheureux soldats.

Daignez agréer, etc.

G. Chardon, J. Randanne,
prêtres français, du diocèse de Clermont,
missionnaires diocésains.

A monsieur le curé et à messieurs les aumôniers français à Neufchâtel.

Vice-consulat de France, Neufchâtel, le 14 février 1871.

Monsieur le Curé,

J'ai l'honneur de vous faire savoir que, sur la réclamation de messieurs les aumôniers français, que je m'étais empressé de transmettre à la Légation et d'appuyer, M. le marquis de Châteaurenard a fait révoquer les dispositions qui entravaient ces messieurs dans l'exercice de leur ministère et portaient une si grave atteinte à la liberté de conscience.

Le chef du département militaire, M. le colonel Welsi, a donné des ordres pour que les aumôniers français puissent pénétrer librement, à toute heure de jour et de nuit, auprès de leurs compatriotes malades dans les ambulances de Neufchâtel.

Recevez, monsieur le Curé, etc.

Le Vice-consul de France,
de Drée.

IX

Le dévouement de Neufchâtel (1).

En position, mieux que personne, d'apprécier l'accueil fait à nos soldats en Suisse et la reconnaissance qu'ils en éprouvaient tous, nous, aumôniers français des ambulances de Neufchâtel, ne pouvons taire ni le dévouement des bienfaiteurs, ni la gratitude des obligés. Notre devoir est de faire connaître ce qu'il y a de beau, de grand dans les œuvres des hommes, afin que nos frères en soient édifiés et Dieu, glorifié.

C'est surtout à Neufchâtel que nous avons vu à l'œuvre la charité et l'hospitalité suisses,

---

(1) M. l'abbé Randanne rédigea cet article de journal dans le but de rendre de publics et justes hommages à la généreuse conduite de la ville de Neufchâtel à l'égard de nos soldats.

et c'est surtout de cette ville que nous pouvons parler. Appelée par sa situation géographique à voir passer dans ses murs et sur les bords de son beau lac cette armée entière, avant d'en avoir réparti les fractions dans les diverses localités des vingt-deux cantons, cette intelligente et charitable cité a su trouver, à elle seule, les moyens de suffire à tout. Ceux qui ne faisaient que passer avaient encore le temps de recevoir quelques gages de la bonté de cœur des Neufchâtelois. Nous avons vu, avec émotion, maints convois de blessés ou de malades salués et ravitaillés aux cris mêlés de « vive la France, et vive la Suisse ».

La ville de Neufchâtel s'est, dans son dévouement, montrée admirable. Un moment elle a eu dans son sein la presque totalité des malades de l'armée française. Sept ambulances ont été organisées pour les recevoir, et là, malgré les difficultés et la confusion inséparables, dans le début, de toute installation, nous avons vu ce nombre prodigieux de malades, 1.500 environ, parfaitement soignés et secourus ; nous avons vu les dames et les messieurs de la ville, les visiter à l'envi et rivaliser de zèle et d'empressement à leur rendre service. Les uns écrivaient leurs lettres, les autres leur apportaient un potage, du thé, du café, du vin chaud, du linge, des vêtements, des chaussures, etc. etc. Les messieurs leur distribuaient des cigares, acquittaient leurs mandats sur la poste et se faisaient volontiers leurs commissionnaires en ville.

Depuis, beaucoup de ces malades sont devenus convalescents ou ont été évacués ; mais un bon nombre qui étaient plus gravement atteints sont restés. On en comptait encore de quatre à cinq cents, dans Neufchâtel, le 11 février. A cette date, le service des malades était complètement établi. Logés dans les établissements de la ville les plus beaux et les plus salubres, distribués dans des salles parfaitement aérées et chauffées, couchés dans d'excellents lits, tenus avec une propreté et un ordre parfait, ils recevaient les soins intelligents et assidus des médecins militaires suisses, très bien secondés par leurs infirmiers de l'armée fédérale.

La perspective de ce mal cruel et contagieux du typhus qui sévissait parmi nos soldats n'a pu détourner des hôtes si charitables des soins à leur donner. La crainte n'a pas enchaîné la charité. Le zèle des dames de la ville ne s'est pas ralenti un instant. Elles aussi se sont constituées quand même infirmières de jour et de nuit de nos infortunés compatriotes. Plusieurs ont dû céder à la fatigue et prendre quelques jours de repos. Elles ont été remplacées aussitôt.

Tels sont les soins matériels dont nos soldats ont été entourés. Quant aux soins spirituels, nous en étions chargés par l'autorité diocésaine de Fribourg, et M. l'abbé Berset, curé de Neufchâtel. Or, nous nous plaisons à reconnaître et à dire hautement, que, dans un pays où le protestantisme est la religion dominante, notre ministère auprès de nos soldats a été ordinairement environné du plus religieux respect. Les ministres eux-mêmes, chaque fois que nous les avons rencontrés dans nos ambulances, ont été pour nous d'une courtoisie et d'une bienveillance qui les honore et dont nous ne pouvons que leur savoir gré.

Par l'entremise de M. le consul français à Neufchâtel et sur sa demande, un libre accès nous a été donné dans les ambulances, à toutes les heures du jour et de la nuit, et cela par ordre du Conseil fédéral lui-même. Grâce à cet ordre si libéral et si conforme au principe de la liberté de conscience, nous avons pu visiter souvent nos malades, les encourager, les exhorter, ouvrir et préparer suffisamment leurs âmes à ces grâces et à ces consolations toutes intimes et toutes personnelles, que les sacrements de l'Église apportent à chacun de ses enfants. Et quand nous avions ainsi pourvu à l'essentiel, quand nous avions rappelé et rouvert la patrie éternelle à des âmes que nous voyions sur le point d'y entrer, nous pouvions encore rester auprès de leur lit de douleur, essuyer leurs dernières larmes et adoucir leurs derniers moments par un mot de la patrie et de la famille. Alors, dans une suprême et fraternelle étreinte, en nous pressant la main, ils nous faisaient assez sentir que nous étions tout à la fois, pour eux, comme la personnification vivante de ces trois grandes choses, la famille, la patrie et la religion. Chers Jeunes gens ! ils sont morts sur la terre étrangère au moment ou leur patrie malheureuse, mais reconnaissante, s'apprêtait à les recevoir dans son sein. Que les joies de l'éternelle patrie les dédommagent maintenant des tristesses et des souffrances du temps, et que ceux qui ont contribué à leur rendre moins amer le dernier passage reçoivent ici le tribut de notre reconnaissance et celui de leurs bénédictions !

Enfin, quoiqu'on ne doive pas louer les siens, que la colonie française de Neufchâtel nous permette aussi de lui rendre hommage ! Il nous suffira de dire que cette excellente colonie n'est pas restée au-dessous de la belle hospitalité neufchâteloise. Puissamment encouragée et stimulée par les exemples et les paroles. de M. le consul de France, Comte de

Drée et de Madame la Comtesse, elle a tenu à honneur de partager avec les habitants les soins et l'assistance à donner à nos soldats. On a vu alors toute une ambulance française s'organiser dans l'hôpital catholique de la Providence ainsi que dans la maison attenante des Frères de la Doctrine Chrétienne, et là, des médecins français et des dames catholiques y donner aux malades, de concert avec les dames religieuses, les soins les plus affectueux et les plus vigilants.

Nous avons aussi reçu et distribué bien des gages non équivoques de la sympathie des Français présents à Neufchâtel pour tant d'infortunes qu'ils avaient sous les yeux. Ces dons, qu'on faisait ainsi passer par nos mains, resteront inconnus, si ce n'est de Dieu et de nous; mais le mérite en subsistera devant Celui qui veut que la main gauche ignore ce que fait la main droite.

Nous allons bientôt quitter Neufchâtel. La tâche que nous avions à y remplir touche à sa fin ; nous n'avons pas voulu partir sans dire quel souvenir nous en emportions dans nos cœurs de prêtres catholiques et Français.

G. Chardon,   J. Randanne,

Prêtres du diocèse de Clermont, missionnaires diocésains,

Aumôniers français des ambulances de Neufchâtel.

TABLE DES MATIÈRES

	Pages
AVANT-PROPOS.	V

CHAPITRE PREMIER
Les préparatifs de départ. 1

CHAPITRE II
De Clermont à Blois 7

CHAPITRE III
Halte au château de Villetard 14

CHAPITRE IV
Station à Meung-sur-Loire 20

CHAPITRE V
Séjour de l'ambulance à Orléans. — Batailles de Chevilly, d'Arthenay et de Cercottes. . . . 40

CHAPITRE VI
Fuite à travers les lignes prussiennes. — Voyage d'Orléans à Clermont 88

CHAPITRE VII
Nouveau départ. 95

CHAPITRE VIII
Arrêt forcé à Lyon. 100

CHAPITRE IX
De Lyon aux Verrières-suisses 110

CHAPITRE X
L'armée de l'Est et l'ambulance du Puy-de-Dôme aux Verrières-suisses 115

CHAPITRE XI
Séjour à Neufchâtel 125
CHAPITRE XII
Le retour. 155

Appendice

I
Personnel de l'ambulance du Puy-de-Dôme . . 159

II
Projet de règlement de l'ambulance du Puy-de-Dôme. 161

III
Quelques lettres des prêtres infirmiers. . . . 171

IV
L'ambulance du Puy-de-Dôme à Orléans. . . 179

V
Liste des blessés soignés dans l'ambulance du Puy-de-Dôme, à Orléans. et adresses de leurs parents 204

VI
Lettre de Mgr Louis-Charles Féron, évêque de Clermont, à son Éminence le cardinal archevêque de Besançon, relativement à l'ambulance du Puy-de Dôme. 210

VII
Lettres écrites par les prêtres infirmiers à M. l'abbé Fougerouse pendant leur seconde campagne 213

VIII
Lettre à Monsieur le comte de Drée, vice-consul de France à Neufchâtel. 220

IX
Le dévouement de Neufchâtel 225

P. LETHIELLEUX, Éditeur, 10, rue Cassette, PARIS.

EN SOUSCRIPTION

Les Saints d'Auvergne

Par l'abbé **MOSNIER,** Curé de Comps

Publié avec l'agrément et sous les auspices de Mgr l'évêque de Clermont.

Deux forts volumes in-8° raisin. . . . **18.00**

CONDITIONS DE LA SOUSCRIPTION :

L'ouvrage paraîtra chaque mois, à partir du 15 Janvier 1899, PAR FASCICULES de 80 pages au moins, et sera complet en 15 fascicules.

Tous les souscripteurs à l'œuvre entière, qui avant le 15 Février 1900, transmettront leurs souscriptions soit à la librairie P. LETHIELLEUX, soit à l'un de ses correspondants, jouiront des avantages ci-dessous :

1° Pour la somme de « **Quinze francs** » les souscripteurs recevront les fascicules franco, au fur et à mesure de leur publication.

2° Nous laisserons aux souscripteurs la faculté de nous effectuer le paiement en trois versements de « **Cinq francs** » les 15 MARS 1899, 15 OCTOBRE 1899, 15 MARS 1900.

Le prix de l'ouvrage complet sera porté à DIX-HUIT FRANCS dès son achèvement.

P. LETHIELLEUX, Éditeur.

P. LETHIELLEUX, Éditeur, 10, rue Cassette, PARIS.

CONFÉRENCES APOLOGÉTIQUES
sur l'Église
Par l'abbé R. PLANEIX
Supérieur des Missionnaires diocésains de Clermont-Ferrand

Trois volumes in-12° 10.50

TOME PREMIER
LA DIVINITÉ DE L'ÉGLISE
In-12°. 3.50

TOME SECOND
LA CONSTITUTION DE L'ÉGLISE
In-12° 3.50

TOME TROISIÈME
L'ÉGLISE ET L'ÉTAT
In-12° 3.50

Bossuet disait un jour : « Après la Divinité, rien n'est plus beau que l'Église, où l'unité divine est représentée. » C'est cette beauté de l'Église, image de la beauté même de Dieu, que l'abbé Planeix a su faire admirer à un auditoire d'élite, pendant une station quadragésimale qui laissera un long souvenir dans la ville de Riom.

Pour étendre l'action de son zèle et donner plus d'écho à son éloquente parole, le prédicateur, obéissant à des conseils vénérés et à des prières amies, publie aujourd'hui ses Conférences. Le premier volume vient de paraître. Il a pour objet la *Divinité de l'Eglise*. Un second volume déroule la *Constitution de l'Eglise*, et un troisième exposera la question si délicate des *Rapports de l'Eglise avec l'Etat*. C'est donc un traité complet de l'Église, qui s'ouvre par un large tableau de la situation actuelle de l'Église dans le monde et en France, et que couronnent des vues élevées sur le résultat final de la lutte si violemment déclarée entre la société civile et la société religieuse.

Une doctrine théologique, toujours puisée aux meilleures sources, inspire la parole de l'orateur et lui donne cette densité métallique, faite de solidité et d'éclat. Il n'y a point là de ces sonorités vides, de ces jeux de lumière, qui font le succès passager et souvent le seul mérite de certains livres : tout y rappelle les grandes traditions de la chaire. Aux charmes d'une parole nerveuse, limpide, émue, colorée, harmonieuse, s'ajoutent parfois les allusions piquantes et les sourires de l'esprit.

Dès le premier volume, certaines questions actuelles sont abordées avec une haute compétence, dans les trois belles conférences qui ont pour titre :
Les influences sociales de l'Eglise,
L'Eglise et la Science,
L'Eglise et la Charité.
L'orateur démontre l'éternelle vérité de cet axiome de Tertullien : *Solutio omnium difficultatum Christus* ; le Christ est la solution de toutes les difficultés, même des difficultés économiques, qui sont le grand péril de l'heure présente.

EM. TERRADE, S. M.

MONTDIDIER. — IMPRIMERIE G BELLIN

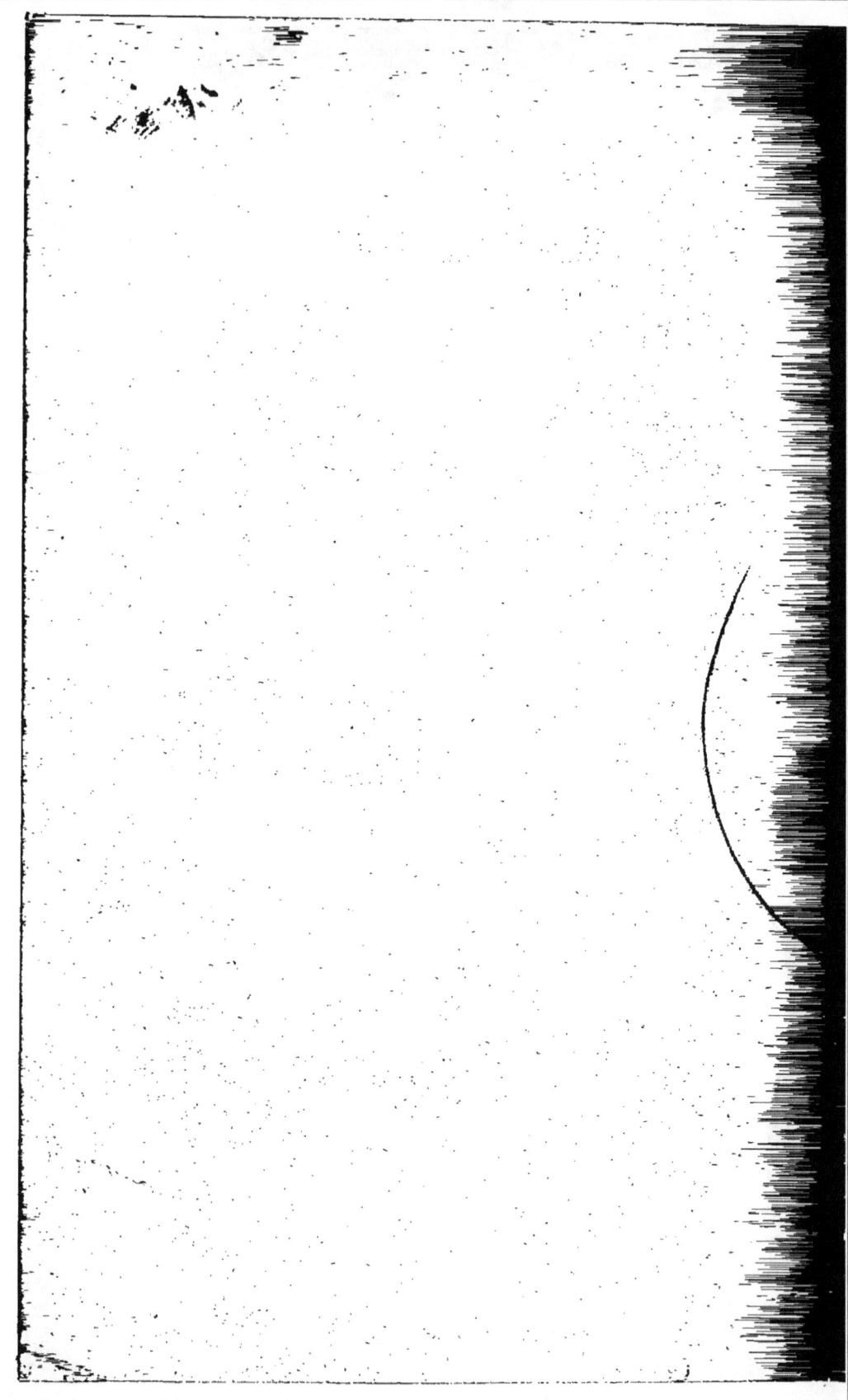

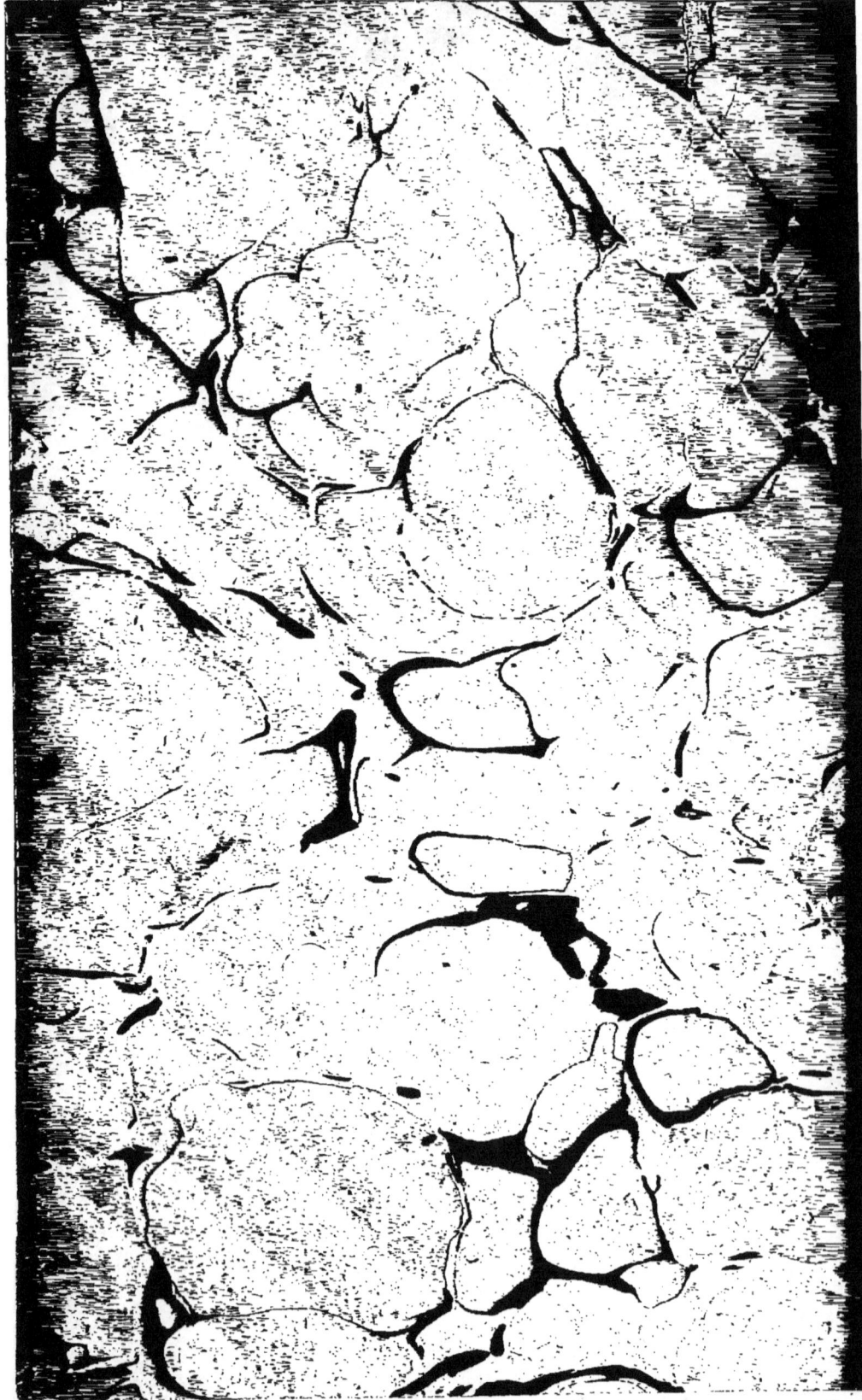

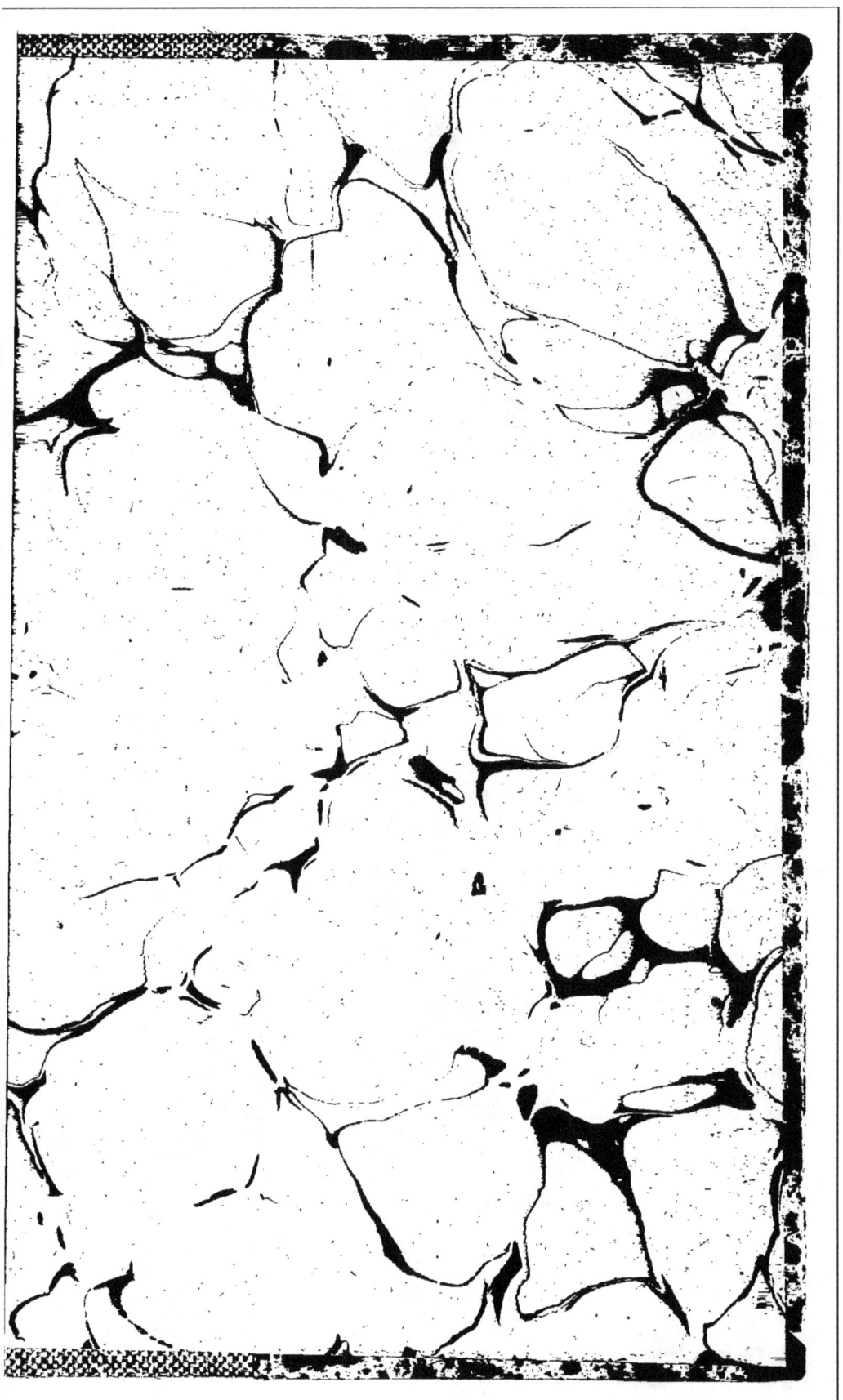

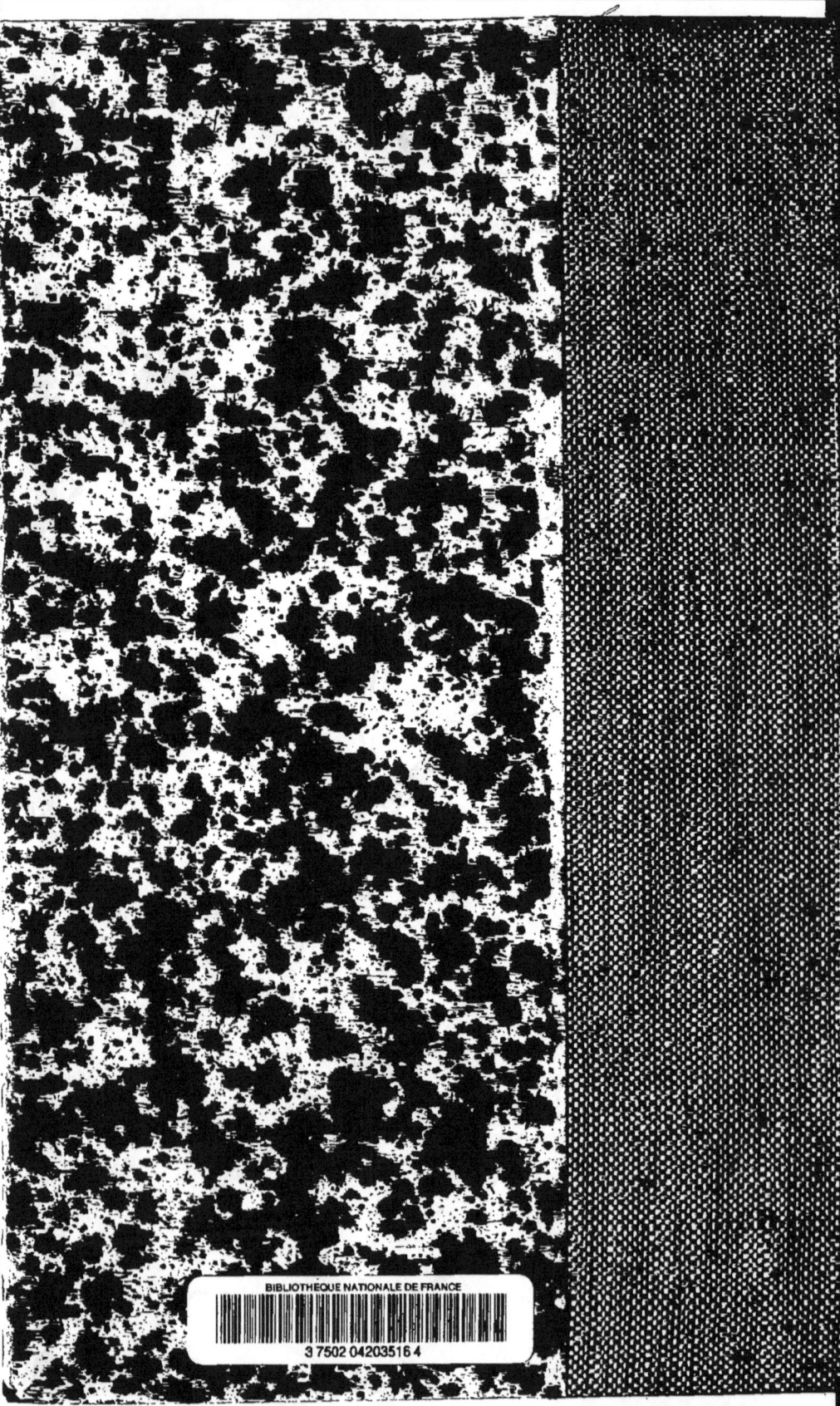

www.ingramcontent.com/pod-product-compliance
Lightning Source LLC
Chambersburg PA
CBHW070636170426
43200CB00010B/2037